Ingrid Biermann

Musikalische Förderung für Kleinkinder

Ideen für Krippe, Kita und Tagesmütter

Ingrid Biermann

Musikalische Förderung für Kleinkinder

Ideen für Krippe, Kita und Tagesmütter

HERDER

FREIBURG · BASEL · WIEN

Inhalt

Spielen mit den Kleinsten

Was tun wir mit den Kleinsten? Die Gruppe der 0–3 jährigen Kinder gerät zunehmend in den Fokus der Pädagogik. Diese Buchreihe wendet sich an Erzieherinnen, Tagesmütter und Spielgruppenleiterinnen, die bereits mit ganz kleinen Kindern arbeiten oder zukünftig arbeiten möchten.
Der Betreuungsbedarf für Kinder unter 3 Jahren wächst ständig (zum Teil bedingt durch die Berufstätigkeit der Mütter sowie die steigende Zahl allein erziehender Elternteile). Die Vereinbarkeit von Familie und Beruf ist für viele junge Eltern zunehmend an adäquate Betreuungsmöglichkeiten für Kinder unter 3 Jahren geknüpft. Das Angebot an Krippenplätzen für die Kleinsten liegt dabei noch immer deutlich unter Bedarf und Nachfrage.
Waren die Kleinsten bislang vorwiegend in Kinderkrippen untergebracht, die meist sog. „Kombi-Einrichtungen" (Tagesstätten mit Krippe, Kindergarten und Hort) angehörten, gehen neue Trends dahin, auch die sog. „Regelkindergärten" für Kinder unter 3 Jahren zu öffnen, gekoppelt an flexible Betreuungszeiten.

Eckpunkte der Krippenpädagogik heute

Leider wird die Betreuung der Kleinsten außerhalb der Familie immer noch als die zweitbeste Lösung angesehen. Traditionell gilt die Mutter (der Vater) als die ideale Bezugsperson.
Dabei kann die Kleinfamilie den Kindern längst nicht mehr allein das bieten, was sie für eine gesunde Entwicklung brauchen: Über die Hälfte der Kinder wächst ohne Geschwister auf. Beengte Wohnverhältnisse in Städten, eingeschränkte Spielräume, wenig Spielkameraden im Umfeld machen es notwendig, Defizite an sozialen Kontakten auszugleichen.
Um schon Kleinkindern Erfahrungen mit anderen Kindern zu ermöglichen, besuchen viele Mütter/Väter mit ihren Babys und Kleinkindern einmal wöchentlich Kurse nach dem „Prager-Eltern-Kind-Programm" (PEKiP) oder nehmen an „Eltern-Kind-Spielgruppen" („Mini-Clubs", Krabbelgruppen") teil. So wichtig diese Gruppen sind: In der Regel setzen sie sich altershomogen zusammen und bieten somit keine Erfahrungen zwischen unterschiedlichen Altersstufen.
Besuchen Kleinkinder dagegen eine Ganztagseinrichtung (Tagesstätte), so haben sie hier nicht nur eine tägliche Betreuung. Sie treffen sehr oft – anders als in „Eltern-Kind-Spielgruppen" – auf familienähnliche Strukturen: Dabei üben die Großen Rücksicht

und helfen den Kleinen, die Kleinen lernen von den Großen. Man findet die „kleine Altersmischung" (0–3 jährige Kinder in einer separaten Krippengruppe), aber zunehmend auch die „große Altersmischung" (0–6 Jahre) in einer Kindergartengruppe.
Die „große Altersmischung" in einer Gruppe erfordert viel Flexibilität und pädagogisches Geschick seitens der Erzieherin und eine gute personelle Besetzung, damit jede Altersgruppe in ihren Bedürfnissen angesprochen werden kann.

Die Rolle der Erzieherin bei den Kleinsten

Erzieherinnen, die mit Kleinkindern arbeiten, sollten sich darum bemühen, professionelle Konzepte zu erarbeiten. Niemals darf die Arbeit mit dieser Altersgruppe nur „irgendwie improvisiert" werden.
Kleinkinder brauchen viel Nähe, Zuwendung, Hautkontakt und eine verlässliche Bindung an die Erzieherin. Häufiger Wechsel der Bezugspersonen ist zu vermeiden. Wenn ein Kleinkind in eine Tageseinrichtung kommt, so muss es die erste längere Trennungserfahrung von den Eltern verarbeiten. Kinder, die unter der Trennung sehr leiden, können nicht entspannt und lustvoll spielen.
Kleinkinder sind darauf angewiesen, dass Erzieherinnen ihre Signale verstehen, ihre Bedürfnisse wahrnehmen und angemessen darauf reagieren.
Erzieherinnen sollten vor allem wissen, welche Entwicklungsschritte Kinder im Alter von 0–3 Jahren durchlaufen: Dies gilt besonders für die Bereiche Motorik, Wahrnehmung, Sprache, Denken und soziale Bindung.

Was diese Buchreihe möchte und wie Sie damit arbeiten können

- Zur Reihe gehören verschiedene Themen-Schwerpunkte: *Bewegung, (Sinnes)-Wahrnehmung, Musik, Umwelterfahrung, Sprache, kreative Materialerfahrung.*
- Alle Bände der Reihe ergänzen sich wie Bausteine, bilden letztendlich ein „großes Bauwerk", denn kein Bereich kann isoliert betrachtet werden.
- Jeder Band enthält eine allgemeine Einführung. Dann geht es um das spezielle Förder-Thema (z. B. Musik).
  Dazu gehört auch die *Entwicklung* von Kindern in dem jeweiligen speziellen Förderbereich.
- Das Buch ist vor allem ein *Praxis-Buch*.

- Die Spielvorschläge orientieren sich an der Entwicklung der Kleinsten.
- *Beobachten* Sie die Kinder! Womit beschäftigen sie sich? Was können sie schon? Was können sie noch nicht? So sind Sie in der Lage, *das passende Spiel zur richtigen Zeit* anzuregen.
- Je nach Spielidee können Sie mit einem *einzelnen Kind, einer kleinen Gruppe* (ca. 4–6 Kinder) oder mit einer *größeren Gruppe* spielen. Es werden sowohl freie („Freispiel") als auch gelenkte *Spielaktionen* (gezielte „Beschäftigungen") berücksichtigt.
- Sie finden vor jedem Spiel Angaben zu:
  - *Alter/Entwicklungsstand*
  - *Mitspielern*
  - *Material*
  - *Ort/Raum*
  - *Spielablauf*

  Im *Anschluss* an die Spielbeschreibung finden Sie zudem:
  - *Variationen* (wie kann ich das Spiel situationsbezogen umgestalten?) und
  - *Für ältere Kinder* (Vorschläge, wie ältere Kinder mitspielen können)
- Die Spiele sind für Babys/Kleinkinder *ab 6 Monaten* bis zu *3 Jahren* gedacht. Einzelne Spiele lassen sich auch mit Babys unter 6 Monaten spielen.

Förderschwerpunkt Musik

Warum Musik wichtig ist

Die Lebenswelt, in der sich Kinder täglich bewegen, ist voller Töne, Geräusche und Klänge. Sie zu entdecken ist für die Kleinen spannend und interessant. Viele Elemente dieser Lebenswelt wecken die kindliche Fantasie und regen dazu an, Gehörtes und Gesehenes in Rhythmus, Sprache, Bewegung, Kreativität – kurz gesagt – in Musik umzusetzen.

Jeder, der sich mit Kindern auf den musikalischen Weg macht, ist Impulsgeber, der ihnen die Tür zur Ton- und Klangwelt öffnet. Der Rest, nämlich das Erkunden, Erforschen, Experimentieren, Erfahren, Begreifen, Umsetzen geschieht bei jedem Kind auf seine Weise und das schon im frühen Kindesalter. Gerade die Jüngsten lassen sich leicht begeistern und öffnen sich schnell für Dinge, die mit Rhythmus und Dynamik zu tun haben.

Ein gezieltes musikalisches Frühförderangebot kann diese Begeisterung unterstützen und spielerisch die Basis für eine spätere musikalische Förderung bilden. Daher soll dieses Buch allen, die kleinen Kindern Musik nahe bringen wollen, Impulse geben, die dann individuell, dem Kind und der Gruppe entsprechend, umgesetzt werden können. Lassen Sie hin und wieder auch die Eltern mit aktiv werden, z. B. beim Basteln der Instrumente oder laden Sie zum Mittanzen und Singen ein. Musik verbindet nicht nur die Kinder, sondern auch die Eltern untereinander.

Gerade die Kleinen mögen es sehr, wenn eine Symbolfigur sie bei den Spielen begleitet. Sie können z. B. den Zauberer Musikus (eine Handpuppe aus dem Kasperltheater) oder die Musimaus (ein Kuscheltier) mit durch die Förderangebote gehen lassen. Die Kinder nehmen viele Angebote dann besser an.

Die Rolle der Erzieherin in der musikalischen Früherziehung

Sie als Leitung einer Kinder-/Spielgruppe für musikalische Frühförderung sollten
- selbst sehr viel Freude an der Musik haben (authentisch sein),
- sich über Ihre Vorbildfunktion im Klaren sein und alles mitmachen,
- keine hohen Erwartungen stellen, denn sie können die Freude an der Musik hemmen,
- schiefe Töne zulassen (keinen Perfektionismus an den Tag legen),
- Ihre Arbeit immer hinterfragen und ggf. etwas ändern,
- Zeit haben, um sich entspannt mit den Kindern auf den Weg zu machen,
- die Einzigartigkeit der Kinder respektieren und akzeptieren,
- durch Ihre Impulse die Kinder zum Gebrauch ihrer Sinne, zu Tanz, Bewegung und Kreativität anregen,
- den Kindern viele Möglichkeiten zur Erprobung der eigenen Kreativität geben,
- für die Begeisterung der Kinder immer genügend Platz lassen,
- die Umgebung so gestalten, dass sie zum Musikmachen auffordert,
- in der Lage sein, die Eltern der Kinder für Ihre Arbeit zu begeistern.

Die Bedeutung der Musik für andere Förderbereiche

- **Entwicklung der Wahrnehmung:** Das Kind nimmt seine Welt mit allen Sinnen wahr. Bei allem, was es tut, setzt es die Sinne ein. Auch die schon gemachten Erfahrungen spielen eine Rolle. Kinder wollen ständig neue Erfahrungen machen und fühlen, schmecken, riechen, stampfen, Krach machen, lachen, klettern und springen. Nur so sind sie in der Lage, sich und ihre Umgebung wahrzunehmen. Sie brauchen dafür aber eine Umgebung, die sie zu all diesen Dingen auffordert. Sie brauchen Menschen, die ihre Bedürfnisse kennen und sie in allem, was sie tun, unterstützen. Musikalische Impulse können ihnen helfen, ihre Persönlichkeit weiterzuentwickeln, denn gerade in der Welt der Musik gibt es viele Möglichkeiten, die Sinne einzusetzen, sie zu erproben, neugierig zu werden, zu experimentieren. Musik macht die Kinder sensibel und trägt dazu bei, dass sie auch die leisen Dinge im Leben wahrnehmen.

- **Bewegungsentwicklung:** Bewegung macht Musik lebendig, begreifbar und spürbar. Über die Bewegung erlebt das Kind Rhythmus, Dynamik und Tempo. Ohne sie ist das Eintauchen in die Welt der Musik fast nicht möglich. Da das Bewegungsbedürfnis durch die Musik von allein angeregt wird, stehen selbst die Kinder, die sonst eher bequem sind, auf und machen mit. Mit Hilfe der Bewegung lernt das Kind außerdem schnell Text und Melodie, speichert das Gelernte im Gehirn ab und kann zu gegebener Zeit wieder darauf zurückgreifen.

- **Persönlichkeitsentwicklung:** Mit Hilfe von Musik kann das Kind sich ausprobieren. Es lernt seine Vorlieben und Talente, aber auch seine Schwächen kennen. Es lernt mit bestimmten Situationen umzugehen, mit sich Geduld zu haben, sich mit seinen Schwächen und Stärken anzunehmen. In der musikalischen Früherziehung zeigen sich schnell die Talente eines Kindes, denn es kann sich in vielen Bereichen erproben. Die gute Beobachtungsgabe der Spiel-/Gruppenleitung trägt dazu bei, dass das Kind später gezielt gefördert wird.

- **Entwicklung des Sozialverhaltens:** Gerade beim Musizieren ist es wichtig, mit dem Anderen gut auszukommen. Fähigkeiten wie Rücksichtnahme, Anpassung, Akzeptanz, Orientierung an Regeln, Geduld und viele andere Dinge werden in der musikalischen Früherziehung spielerisch eingeübt. Zwar steht bei den Kleinen das eigene Tun noch stark im Vordergrund, jedoch ergibt sich hier bald eine gewisse Einbindung in die Gemeinschaft: Wenn ein Kind nur das tut, was es will, ist ein gemeinsames Musizieren auf Dauer nicht möglich.

- **Materialerfahrung:** Töne und Klange suchen heißt, sich mit den unterschiedlichsten Materialien aus der Umgebung auseinander zu setzen. Ein Holzkochlöffel, der auf einen Topf geschlagen wird, klingt anders als ein metallener Suppenlöffel. Die Umgebung bietet so viel unterschiedliches Material, dass ein Kind manchmal unendlich viel Zeit damit verbringt zu suchen und zu experimentieren. Diese Zeit sollte vor allem für die Allerkleinsten zur Verfügung stehen, denn das Experiment ist Voraussetzung dafür, dass sie später Töne und Klänge differenzieren können. Die Kinder lernen, mit den unterschiedlichen Materialien achtsam umzugehen.

Das musikalische Vermögen in den ersten drei Lebensjahren

Ein Säugling reagiert in der Regel auf das Summen seiner Mutter oder einer anderen ihm bekannten Person. Eine einfache Melodie ist ihm schnell vertraut. Durch Mimik, Gestik und eigene stimmliche Signale macht er seiner Umgebung deutlich, ob ihm Töne, Harmonien oder ein bestimmter Rhythmus gefallen oder missfallen. Er lacht oder weint und bestimmt so mit, ob diese akustischen Einflüsse anhalten oder abgestellt werden (sollen). Während zu Beginn noch tiefere Töne wahrgenommen werden, hören Säuglinge mit einem halben Jahr bereits höhere Töne besser.
Je nach Tagesform können Töne, Klänge und Geräusche auf ein kleines Kind beruhigend oder anregend wirken. Sie fordern zum Lauschen auf und helfen ihm so, sein Umfeld zu entdecken. Kurze rhythmische Sprechverse, Kniereiter oder Klatschrhythmen leisten schon früh einen wichtigen Beitrag zur Förderung der Kommunikation, d. h. sie tragen zur Sprachentwicklung bei.

- **Körpermusik:** Im Alter von einem halben Jahr bemüht sich das Kind einfache Laute und den Tonfall seiner Bezugspersonen nachzuahmen. Dabei wird es zunehmend fähig, einzelne akustische Signale von einem Geräuschhintergrund abzugrenzen, wenn diese Signale eine Bedeutung für das Kind haben. Summen, Brabbeln, Lallen oder Prusten sind die „Körpermusik", über die ein Kind mit einem Erwachsenen in Kontakt tritt. Daher sind die ersten Lieder auch solche, in denen diese stimmlichen Mittel eine hervorgehobene Rolle spielen. Noch bevor ein Kind laufen kann, wiegt es sich rhythmisch im Takt der Musik. Dazu setzt es Arme und Beine ein, um im Rhythmus der Melodie zu zappeln. Diese Bewegungen bereiten dem Kind große Freude und bringen es in eine körperlich-seelische Balance, die dafür sorgt, dass es ihm gut geht. Musikalische Reize durch Töne und Klänge fordern so immer wieder zum Mitmachen auf.

- **Von Tönen umgeben:** Sobald das Kind krabbeln kann, beginnt es seine Umgebung zu untersuchen. Es macht sich auf den Weg und stößt dabei auf viele noch unbekannte Geräusche und Töne. Es sucht die Quellen von Stimmen, Geräuschen, Klängen und ordnet sie Personen oder Handlungen zu. So erkundet es seine Umgebung. Durch Mimik, Gestik und Lautäußerungen zeigt es jedem aufmerksamen Erwachsenen, wie es sich in diesem „Geräuschebad" fühlt.

Fühlt sich das Kind in seiner Umgebung wohl, so nimmt es sich Werkzeuge wie z. B. Suppenlöffel oder Holzstöckchen, um selbst Geräusche z.B. auf Kochtöpfen zu erzeugen. Diese Experimentierphase ist sehr wichtig. Kinder in diesem Alter achten dabei noch nicht auf harmonische Qualitäten, sondern zeigen sich besonders von dem Phänomen des von ihnen erzeugten Schalls fasziniert.

- **Hüpfen, springen und sich drehen:** Mit dem Heranwachsen des Kindes wächst auch das Musikverständnis. Ab dem zweiten Lebensjahr beginnt das Kind einfachste Melodiefolgen zu reproduzieren. Es hört jetzt immer aufmerksamer einem rhythmischen Vers oder einer Melodie zu und versucht mitzusingen. Intuitiv klatscht es mit und spürt, wie der Rhythmus seinen Körper zum Mitmachen auffordert. Hat es laufen gelernt, unternimmt das Kleinkind schon bald die ersten Tanzversuche: es hüpft, springt und dreht sich, mit oder ohne Musik. Es kann nun nicht mehr still stehen oder sogar still sitzen. Es muss sich bewegen. Ein aufmerksamer Erwachsener sollte diesen Tanz des Kindes nicht unterbrechen, abbrechen oder korrigieren und in seine Kreativität nicht eingreifen. In einer Untersuchung hat sich gezeigt, dass Kinder, die ihre Bewegung gut kontrollieren können, zugleich die sind, die später besonders gut Rhythmen wiedergeben und Töne nachsingen können. Mit dem 3. Lebensjahr beginnt das Kind gezielt auf Musik zu hören und lernt mit anderen Kindern zu singen, zu spielen und zu tanzen.

3.

Die Bedeutung der Raum-/Zeit- und Krafterfahrung

Das Erleben von Zeit, Kraft und Raum gehört zum musikalischen Lernen und ist eine wichtige Voraussetzung, um die musikalische Entwicklung im frühen Kindesalter zu unterstützen. Bei den folgenden Spielen soll die akustische Aufmerksamkeit gefördert werden. Die Fähigkeit, Töne, Geräusche, einen Rhythmus oder eine Melodie wahrzunehmen, darauf zu reagieren, eigene Ideen zu entwickeln, mit anderen durch Bewegungs- und Geräuschspiele in Kommunikation zu treten, wird trainiert. Das bewusste Erkennen und selbstständige Durchführen von Hör- und Bewegungsaufgaben führen das Kind aus seiner ichbezogenen Welt in die Welt des „Du" und „Wir" hinein.

Spiele zur Raum-/Zeiterfahrung

- **Raumerfahrung:** Durch Spielreize lernen die Kinder die verschiedenen Ebenen eines Raumes kennen, bewegen sich entsprechend und nehmen so den Raum in seiner ganzen Größe und mit ihrem ganzen Körper wahr. Die Übungen erfordern es, dass das Kind ganz bei sich ist und mit voller Aufmerksamkeit Raumwege zurücklegen kann. Dabei gibt es keine vorgeschriebenen Regeln zur Raumerkundung, die Bewegungsreize geben nur kleine Hilfen. Umsetzen kann jedes Kind diese Impulse so wie es will. Achten Sie darauf, dass die Kinder für diese Erfahrung genügend Platz haben. Sie sollen sich bei den Spielen nicht gegenseitig behindern.

- **Zeiterfahrung:** Spielerisch und mit Hilfe der körperlichen und stimmlichen Übungen lernt das Kind sein Tempo zu dosieren, es lernt langsamer und schneller zu werden und auch stehen zu bleiben. Sich schnell oder langsam zu bewegen will schließlich geübt werden. Das Kind erlebt unterschiedliche Tempi im Gehen, Laufen, Klatschen, aber auch Sprechen und Singen und bekommt ein Gespür für Pausen und Pausenlängen. Im Gesang erlebt es die Tonlänge, im Sprechgesang den Rhythmus und ganz nebenbei entwickelt sich das Gefühl für Tempo und Dynamik.

Schau her, ich bin ein Bär

Alter: ab 2,5 Jahre
Ort: Gymnastikraum
Mitspieler: 6–8 Kinder
Material: mehrere Kartenpaare mit Tierbildern (z. B. von einem Memoryspiel) oder je zwei gleiche Stofftiere, Rassel, für jedes Kind Sitzmatte oder Hocker
Spielablauf: Die Bildkarten liegen mit dem Motiv nach unten in der Kreismitte. Die Kinder nehmen sich ein Bild. Rufen Sie z. B. „Katze", dann stellen die Kinder die Geräusche und Bewegungen des Tieres vor. Ertönt die Rassel, dann gehen sie auf ihren Platz zurück.
Variation:

- Mit Tesakrepp werden Raumwege gekennzeichnet, über die die Kinder krabbeln, hüpfen oder laufen sollen.
- Mit einem Tamburin werden Schnelligkeit und Bewegungsform angegeben.

Für ältere Kinder:

- Nennen Sie mehrere Tiernamen zugleich und die Kinder stellen die Tiere vor.
- Die Kinder nehmen nacheinander eine Karte, und ohne das Tier zu nennen, stellen sie es durch Bewegung und Geräusch dar. Die anderen Kinder raten.
- Alle Kinder nehmen eine Karte. Ein Kind stellt sein Tier vor. Ein anderes, das die gleiche Karte hat, macht die Bewegungen und Geräusche mit.

Raumwege gehen und Pausen machen

Alter: ab 2,5 Jahre
Ort: Gymnastikraum
Mitspieler: 6–8 Kinder
Material: Tesakrepp, Seilchen, Teppichfliesen, Balancierbänke, Zeitungspapier, kleine Kästen, klassische Musik, Rekorder/CD-Spieler, Tennisbälle, Luftballons
Vorbereitung: Mit den dafür geeigneten Materialien werden Wege gelegt, die den ganzen Raum ausfüllen.
Spielablauf: Die Kinder gehen zu klassischer Musik diese Wege. Hört die Musik auf, dann bleiben sie stehen. Spielt die Musik, dann gehen sie weiter. Sie können immer wieder neue Wege wählen.

Hinweis: Dieses Spiel ist ein Pausenspiel. Neben der Auseinandersetzung mit Raumwegen hat es auch zum Ziel, dass die Kinder auf Pausen reagieren lernen.
Variation: Die Kinder gehen barfuß.
Für ältere Kinder:
- Die Kinder nehmen einen Gegenstand in die Hand und gehen durch den Raum, machen sich klein und groß und machen Pausen.
- Die Kinder gehen ohne Wegvorgabe vor, zurück, kreuz und quer, schnell und langsam, ohne sich anzustoßen. Zwischendurch wird immer wieder eine Pause gemacht.

Die musikalische Kreisstraße

Alter: ab 3 Jahre
Ort: beliebig
Mitspieler: 6–8 Kinder
Material: Füße aus Pappe, z. B. in der Farbe grün, Rasseln
Spielablauf: Jedes Kind bekommt eine Rassel. Mit den farbigen Füßen aus Pappe legen Sie einen Kreis. Stellen Sie sich auf die Füße, spielen die Kinder ihr Instrument. Wenn Sie von den Füßen heruntergehen, hören die Kinder auf zu spielen. Gehen Sie weiter, so spielen sie wieder.
Für ältere Kinder: Es werden zwei verschiedenfarbige Fußkreise gelegt und zwei verschiedene Instrumentenarten zur Verfügung gestellt (Rasseln und Klangstäbe). Die Kinder werden in zwei Gruppen aufgeteilt. Wenn Sie über die grünen Füße gehen, dann spielen z. B. die Kinder mit der Rassel. Gehen Sie über die blauen Füße, dann spielen die Kinder mit den Klangstäben. So entsteht eine Melodie.
Variation: Die Instrumente können auch durch Naturmaterialien oder Küchengeräte, mit denen man Geräusche machen kann, ersetzt werden.

Spiele zur Krafterfahrung

Kinder brauchen Bewegungsimpulse, um ihren Körper in An- und Entspannung zu erleben, also ihre Kraft dosieren zu lernen. So erfahren sie Begriffspaare wie „leise und laut", „langsam und schnell" oder „leicht und schwer" am eigenen Körper. Diese spielerische Form der Körpererfahrung ist daher ein wichtiger Baustein der musikalischen Früherziehung. So legen die Kinder die Grundlage, um später verschiedene Spielweisen eines Instruments zu beherrschen.

Das Instrumententelefon

Alter: ab 3 Jahre
Ort: beliebig
Mitspieler: 6–8 Kinder
Material: kleine Auswahl an Orff-Instrumenten
Spielablauf: Es werden zwei Stuhlreihen gebildet. Die Kinder sitzen sich gegenüber und schauen sich an. Je zwei Kinder haben das gleiche Instrument. Ein Kind spielt auf seinem Instrument, das Kind auf der gegenüberliegenden Seite antwortet.
Variation:

- leise schlagen
- laut schlagen

Für ältere Kinder: Ein Kind spielt eine kurze „ Melodie“ (schnell schlagen, mit Pause schlagen), das Kind, das das gleiche Instrument hat, antwortet mit der gleichen „Melodie“.
Variation: Die Kinder schlagen einen Takt mit ihren Händen oder stampfen einen Takt mit ihren Füßen.

Der Melodienreigen

Alter: ab 3 Jahren
Ort: beliebig
Mitspieler: 6 Kinder
Material: Orff-Instrumente (z. B. 2 x Rasseln, 2 x Trommeln), 4 Farbkarten (z. B. 2 x Rot; 2 x Blau), 2 Taktstäbe (Holzstäbe)
Spielablauf: Je drei Kinder sind einer bestimmten Farbkarte zugeordnet und bekommen auch gleiche Orff-Instrumente. Sie als Spielleitung haben die dazugehörige zweite Karte der Farbkarten auf den Fußboden gelegt. Zeigen Sie mit einem Stab auf eine Farbkarte. Die Kinder, die dieser Farbe zugeordnet sind, spielen ihr Instrument so lange, bis Sie auf eine andere Farbkarte zeigen.
Variation: Auch hier können die Hinweise „laut“ oder „leise“, „langsam“ oder „schnell“ gegeben werden.
Für ältere Kinder: Nehmen Sie drei Instrumente und drei Farben ins Spiel. Mit zwei Stäben zeigen Sie gleichzeitig auf zwei Farben, d.h. es spielen immer zwei Gruppen. Durch den Farbkarten- und Instrumentenwechsel entsteht eine kleine Melodie.

Der Tondetektiv

Alter: ab 3 Jahre
Ort: beliebig
Mitspieler: 6–8 Kinder
Material: kleine Auswahl an Orff-Instrumenten und Materialien, mit denen Geräusche erzeugt werden können
Spielablauf: Ein Kind ist der Tondetektiv. Er muss heute in einem Orchester (mit 3 Instrumenten) den falschen Ton, der sich dazwischen gemischt hat, finden. Es bekommt die Augen verbunden und wird an der Hand an einer spielenden Instrumentenreihe vorbei geführt. Hört der Tondetektiv einen Ton, der nicht von einem Orff-Instrument kommt (z. B. zwei Steine, die aneinandergeschlagen werden), so bleibt er stehen und zeigt auf den falschen Ton.
Variation:

- Das Orchester kann auch Töne mit dem Körper, mit Tierstimmen oder Küchengeräten produzieren. Ein „Instrument" passt jedoch nicht zu der Musikreihe. Der Tondetektiv muss den falschen Ton heraushören und die Richtung anzeigen.
- Hinweise wie „laut oder leise" und „langsam oder schnell spielen" können gegeben werden.

Für ältere Kinder: Das Orchester kann vergrößert werden. Dort haben sich dann mehrere falsche Töne eingeschlichen.

Den „Klang-Körper" entdecken

Schon dem Säugling macht es viel Freude mit seinem Körper Musik zu machen. Das Kind findet seinen eigenen Rhythmus und entwickelt große Kreativität. Später nimmt es die Geräuschimpulse aus seiner Umwelt auf. Es ahmt z.B. die Geräusche von Tieren in seiner Umgebung (Hund, Katze, aber auch Insekten) oder von Maschinen (Waschmaschine, Auto) nach oder benutzt seinen Brustkorb als Trommel.
Ziel der folgenden Spiele soll es sein, den Körper als Instrument zu entdecken. Auch Kinder, die nicht so schnell zu begeistern sind, können durch diese Mitmachideen schnell zu wahren „Geräuschmaschinen" werden. Die Geräuschspiele tragen dazu bei, dass das Kind seinen Atemrhythmus findet, Dynamik in seine Bewegung bringt und sich im Signalhören schult. Es orientiert sich in seiner Geräuscherzeugung am vorgegebenen Text und lernt spielerisch, sich an Abläufe zu halten.

Geräuschspiele mit der Stimme

Die Stimme ist das körpereigene Instrument, das das Kind von Geburt an einsetzt. Es ist oft selbst erstaunt, welch wunderbare Töne und Geräusche es damit erzeugen kann. Es macht ihm viel Freude, mit seiner Stimme zu experimentieren und Musik zu machen. Darum sollten Sie diese Experimentierlust mit kleinen Impulsen unterstützen. Diese Spiele tragen dazu bei, dass das Kind später eine klare Singstimme entwickeln kann.

Das Auto, es macht brumm, brumm, brumm

Alter: ab 2,5 Jahre
Ort: Gymnastikraum
Mitspieler: 6–8 Kinder
Material: Signalstab mit grüner und roter Seite, für jedes Kind ein Spielzeugauto, Tesakrepp, Stoffbeutel
Spielablauf: Holen Sie aus dem Stoffbeutel ein Auto und zeigen Sie es her. Dann bekommt jedes Kind eines und kann damit spielen. Dabei entstehen von allein unterschiedliche Geschwindigkeiten und Geräusche. Zeigen Sie ihnen die zwei Farben der Ampel und erklären Sie, dass bei Rot alle Autos stehen bleiben und bei Grün fahren.

Die Kinder probieren dies mit den Spielzeugautos aus. Laden Sie danach die Kinder ein, selbst Autos zu sein. Sprechen Sie den Reim und alle können dazu frei durch den Raum „fahren".

Das Auto, es macht brumm, brumm, brumm
(die Kinder machen das Geräusch nach)
und saust um viele Ecken rum
(zeigen Sie die grüne Seite des Signalstabs und die Kinder
fahren, ohne sich zu berühren, durch den Raum).

Bei Rot, da bleibt es stehn,
(zeigen Sie die rote Seite des Signalstabs)
doch gleich wird es schon weiter gehn.
Bei Grün da saust es fort
(zeigen Sie die grüne Seite des Signalstabs)
an einen fremden Ort
(die Kinder laufen in eine Raumecke).

Hinweis: Das Spiel kann beliebig oft wiederholt werden.
Variation: Mit Tesakrepp werden Straßen auf den Boden geklebt und die Kinder „fahren" auf den Straßen entlang.
Für ältere Kinder: Die Geschwindigkeiten und Richtungen werden vorgegeben.

Das Flugzeug

Alter: ab 2,5 Jahre
Ort: Gymnastikraum
Mitspieler: 6–8 Kinder
Material: Tesakrepp, eine große Decke
Vorbereitung: Die Decke wird in einer Raumecke ausgebreitet.
Spielablauf: Stellen Sie vor den Kindern pantomimisch ein Flugzeug dar. Nachdem die Kinder dieses erraten haben, können sie selbst alle Flugzeug spielen und auf der Decke (Flughafen) landen. Sprechen Sie dann den Vers und alle Kinder können entsprechend starten und landen. Der Spielvers kann mehrmals wiederholt werden, denn das Flugzeug fliegt immer in ein anderes Land.

Das Flugzeug, es fliegt groß und schwer,
durch die Lüfte laut daher.
Es landet und es steht dann still (Pause)
bis es wieder fliegen will
(Wiederholung).

Variation: Mit Tesakrepp können Sie eine Landebahn abkleben, auf der die Kinder landen und dann langsam auf die Decke rollen.

Für ältere Kinder:

- Die Flugrichtung und die Geschwindigkeit können vorgegeben werden.
- Die Kinder können erzählen, in welchem Land das Flugzeug gelandet ist, und pantomimisch darstellen, was sie hier sehen (z. B. die Tiere im Dschungel).

Schnickschnack, ich bin der Zaubermann

Alter: ab 2,5 Jahre
Ort: beliebig
Mitspieler: 6–8 Kinder
Material: Zauberstab, Zauberumhang
Spielablauf: Verkleiden Sie sich als Zauberer Schnickschnack, der die Kinder verzaubern möchte.
Gehen Sie im Kreis herum und sprechen mit Tempo, Dynamik und dem Einsatz von Pausen den folgenden Sprechvers.

Schnickschnack, ich bin der Zaubermann,
ich zeig dir heute, was ich kann.
Schnickschnack, das Zaubern ist nicht schwer,
ihr seid nun Vögel – fliegt daher
(die Kinder „fliegen" geräuschvoll durch den Raum).

Schnickschnack, der Zauber ist nun aus,
die Vögel fliegen nun nach Haus.

Weiterer Verlauf: Die Kinder können in Hunde, Bären, Katzen usw. verwandelt werden.
Für ältere Kinder: Geben Sie noch das Tempo der Bewegung oder die Richtung an.

Spielgeschichten mit „Körpermusik"

Durch kleine Spielgeschichten können Sie das natürliche Bedürfnis des Kindes unterstützen, „selbst gemachte" Geräusche und Bewegungen miteinander zu verbinden. Mit der Stimme etwas hörbar zu machen, mit ihr zu experimentieren und einen gesprochenen Text umzusetzen, schult die auditive Wahrnehmung und verbessert die Fähigkeit, auf bestimmte Wortsignale zu reagieren. Dies sind in der musikalischen Früherziehung wichtige Grundlagen. Eine gute auditive Wahrnehmung erleichtert später das Erlernen eines Instruments.

Im Sommersonnenland

Alter: ab 2,5 Jahre
Ort: beliebig
Mitspieler: 6–8 Kinder
Spielablauf: Die Kinder machen die Bewegungen und Geräusche aus der Geschichte nach.

Es ist ein heißer Sommertag. Groß und leuchtend steht die Sonne am Himmel (die Sonne zeigen). *Sie schickt ihre warmen Strahlen zur Erde* (mit den Fingern die Strahlen zeigen). *Der schöne Tag lockt die Menschen nach draußen. Überall sieht man Kinder, die vergnügt hüpfen und springen* (die Kinder hüpfen). *Auch die Tiere freuen sich über diesen schönen Tag. Die Vögel fliegen und zwitschern ein Sommerlied* (die Kinder machen Flügelbewegungen und „zwitschern"). *Die Bienen summen, die Hunde bellen, die Katzen miauen* (die Kinder summen, bellen, miauen). *Hier und da sieht man Menschen, die im Schatten eines Baumes schlafen* (die Kinder gehen in die Hocke und sind ganz still). *Erst als die Sonne untergeht* (mit den Armen die untergehende Sonne zeigen), *ziehen sich die Menschen und Tiere in ihre Häuser und Höhlen zurück, um zu schlafen* (alle Kinder suchen sich im Raum einen Platz und sind ganz still). *Ein schöner Sommertag geht zu Ende. Es ist ganz still auf der Erde.*

Zehn Hexen

Alter: ab 2,5 Jahre
Ort: beliebig
Mitspieler: beliebig
Material: Teppichfliesen, Zauberstab
Spielablauf: Verteilen Sie die Teppichfliesen im Raum. Bevor Sie die Geschichte von den zehn Hexen erzählen, führen Sie die einzelnen Geräusche und Bewegungen (kichern, kreuz und quer sausen usw.) zunächst losgelöst von der Geschichte ein. Danach verwandeln Sie die Kinder in kleine Hexen, die heute alle kichern und auf ihrem Besen reiten. Sie suchen sich einen Platz auf den Teppichfliesen und hören zunächst der Geschichte zu. An den richtigen Stellen setzen sie die Geräusche ein. Danach wird die Geschichte in Körpergeräusche und Bewegung umgesetzt.

10 Hexen schauen aus dem Haus (kichern)
und fliegen dann mit viel Gebraus (durch den Raum laufen)
auf dem Besen laut daher (kichern),
sie zu fangen ist sehr schwer.

Sie sausen hin und sausen her (kichern und laufen),
sie sausen kreuz und auch mal quer (laufen).
Sie sausen auf und sausen ab (kichern und hoch und runter gehen),
die Hexen werden niemals schlapp.

Doch kommt der Wind mit viel Gebraus (Zischlaute machen),
pustet er sie schnell nach Haus (pusten und laufen).
Auf dem Besen ganz geschwind (pusten und laufen)
bringt sie fort der wilde Wind (Zischlaute machen und sich auf die Teppichfliesen setzen).

Er pustet alle Türen zu (pusten und laut in die Hände klatschen).
10 Hexen legen sich zur Ruh (in die Hocke gehen und still sein).
Nun ist es still an diesem Ort
und der Wind weht leise fort (wecken Sie die Kinder mit dem Zauberstab).

Hinweis: Diese Geschichte kann als Finger- und Körperspiel umgesetzt werden. Spielen weniger als 10 Kinder mit, so ändert sich auch die Anzahl der Hexen.
Für ältere Kinder: Es können Orff-Instrumente eingesetzt werden.

Tierisch gute Mitmachgeschichten

Auch Tiere machen Musik. Ihre Stimmen zu imitieren, macht gerade den Kleinen viel Freude. Die Fähigkeit, wie ein Hund zu bellen oder wie eine Schlange zu zischen, ist jedoch über das Spiel hinaus wichtig. Diese Spiele stärken auch ganz nebenbei die Muskulatur, die zu einer klaren und starken Singstimme beiträgt.

Hund und Katze

Alter: ab 2,5 Jahre
Ort: beliebig
Mitspieler: beliebig
Material: Triangel, ruhige Musik, Teppichfliesen
Spielablauf: Zu Beginn werden die Teppichfliesen im Raum verteilt. Die Kinder nehmen darauf Platz. Stellen Sie Ihnen zwei Geräuschrätsel (Hund und Katze). Danach werden die Kinder eingeladen, die Geräusche und Bewegungen einer Katze und eines Hundes nachzumachen, und sich einen gemütlichen Platz zu suchen, um sich dort auszuruhen.
Erzählen Sie die folgende Geschichte. Die Kinder machen an der richtigen Stelle die Geräusche. Danach erzählen Sie die Geschichte nochmals und die Kinder fügen noch Bewegungen hinzu. Sind alle wieder auf ihrem Platz, dann ruhen sie sich für einen kurzen Augenblick mit ruhiger Musik aus. Der Triangel weckt die Kinder und bei Bedarf wird das Spiel noch einmal gemacht.

Die Katze, ja die geht daher,
ihr Miauen fällt ihr schwer (miauen).
Sie schleicht leise, schnurrt und dann (schnurren),
fängt sie laut zu fauchen an (fauchen).

Der kleine Hund, er geht daher,
sein Bellen, ja das fällt ihm schwer (bellen).
Er geht ganz leise, knurrt und dann (knurren),
fängt er laut zu bellen an (bellen).

Hund und Katze gehn nach Haus,
ruhen sich für heute aus,

knurren, schnurren (knurren und schnurren), *ja und dann fangen sie zu schlafen an* (die Kinder legen/kauern sich hin).

Sie schnurren, knurren noch ganz leise (knurren und schnurren),
im Traum gehn sie auf eine Reise.
Sie schlafen nun die ganze Nacht,
bis die Sonne wieder lacht (der Triangel weckt die Kinder).

Für ältere Kinder:
- Die Kinder werden in zwei Gruppen aufgeteilt (Hund und Katze) und spielen abwechselnd.
- Orff-Instrumente werden mit eingesetzt.
- Dem Bellen und Miauen und der Bewegung werden zur Differenzierung Eigenschaften gegeben (fröhlich bellen, angstvoll miauen usw.)

Katzenjammer

Alter: ab 2,5 Jahre
Ort: beliebig
Mitspieler: beliebig
Spielablauf: Bei dem Wort (Katze/n) machen Sie eine kleine Pause und die Kinder miauen laut.

In einem alten Holzschuppen leben zwei kleine (Katzen), *eine schwarze* (Katze) *und eine schneeweiße* (Katze). *Die beiden* (Katzen) *mögen sich sehr und spielen den ganzen Tag miteinander. Ihr Lieblingsspiel ist Mäusefangen. Ganz leise schleichen die beiden* (Katzen) *sich dann an ein Mauseloch und lauern. Sobald die Maus ihre Nase herausstreckt, schnappen die* (Katzen) *zu und fressen die Maus auf. Das machen die beiden* (Katzen) *so lange, bis sie satt sind. Dann suchen die* (Katzen) *sich in dem alten Schuppen ein stilles Plätzchen und schlafen. Nur hin und wieder, wenn eine* (Katze) *träumt, hört man noch ein ganz leises Murren und Schnurren.*

Variation: Die Kinder krabbeln dabei auch durch den Raum.
Für ältere Kinder: Es kann ein Rollenspiel entwickelt werden. Dazu können dann Orff-Instrumente eingesetzt werden.

Das Huhn, das hört man gackern

Alter: ab 2,5 Jahre
Ort: beliebig
Mitspieler: 6–8 Kinder
Material: 6–8 Sitzhocker, 6–8 kleine Kissen, 6–8 hart gekochte Eier, viele bunte Federn, 12–16 gleich große Steine
Spielablauf: Die Kinder sitzen im Kreis auf ihren Hockern und bilden mit ihren Händen auf dem Rücken eine Schale. Legen Sie ihnen ein Ei hinein. Die Kinder tasten es ab und auf ein gemeinsames Signal (bis drei zählen) sagen alle laut, was sie in der Hand zu haben glauben. Danach dürfen sie nachschauen. Mit den Federn bauen sie sich nun ein Nest in ihrem umgedrehten Hocker, legen ihr Ei dort hinein und flattern mit den „Flügeln" (Armen) wie echte Hühner. Danach ruhen sie sich in ihrem „Nest" aus. Erklären Sie nun den Kindern den Begriff „gackern". Haben alle Kinder den Begriff verstanden, holen Sie die Steine hervor und das Gackern wird durch das Zusammenschlagen der Steine hörbar gemacht. Danach legen die Kinder die Steine mit in ihr Nest und hören folgender Geschichte zu:

Das Huhn, das hört man gackern (gackern),
sieht seine Flügel flattern (mit den Armen flattern).
Es gackert (gackern), *frisst und legt ein Ei,*
an manchen Tagen legt es zwei.
Es gackert laut (gackern),
dann ist es still,
weil es endlich schlafen will (die Kinder legen sich hin).

Für ältere Kinder: Es können Orff-Instrumente eingesetzt werden oder auch die Steine. Sie werden beim Wort „gackern" gespielt/gegeneinander geschlagen.

Komm und hör dir einmal an ...

Alter: ab 2 Jahre
Ort: beliebig
Mitspieler: 6–8 Kinder
Material: Stofftier (Maus), Sack, Bildkarten der unten genannten Tiere (Katze, Hund, Frosch, Biene, Maus, Bär), einige Teppichfliesen und Hocker, Tamburin
Spielablauf: Die Kinder holen sich selbst eine Matte oder einen Hocker und setzen sich hin. Greifen Sie mit geheimnisvoller Miene in den Sack und machen dabei das Piepen der Maus nach. Dieses soll den Kindern helfen zu erraten, wer sich in dem Sack versteckt. Holen Sie langsam das Stofftier heraus und zeigen Sie es den Kindern, die die Bewegungen und Geräusche nachahmen. Dann folgt die Geschichte von der Maus, die viele Freunde hat. Zeigen Sie dazu die Bildkarten. Die Kinder beteiligen sich, indem sie die Tiergeräusche mitmachen.

Komm und hör dir einmal an,
wie jedes Tier so sprechen kann.
Die Katze, die miaut und schnurrt (miauen und schnurren),
der kleine Hund, der bellt und knurrt (bellen und knurren).
Der Frosch, er quakt (quaken), *die Biene summt* (summen),
die Maus, die piept (piepen), *der Bär, der brummt* (brummen).

Nun bauen die Kinder sich mit den Hockern eine Landschaft. Die Kinder übernehmen nach und nach alle Tierrollen, bewegen sich entsprechend, während Sie die Geschichte noch einmal erzählen, durch die Landschaft und machen das entsprechende Tiergeräusch. Hören die Kinder das Tamburin, sucht sich jedes einen Platz.

Für ältere Kinder:
- Der Text wird verlängert und die Aufgabe erschwert.

Jedes Tier auf dieser Welt,
spricht so wie es ihm gefällt,
hör gut zu und rate schnell,
welches Tier spricht auf der Stell
(jedes Kind macht ein Tiergeräusch und die anderen erraten es).

- Die Kinder bekommen jeweils eine Tierrolle und machen erst dann die Geräusche, wenn sie dran sind.
- Machen Sie mit den Kindern eine Differenzierungsübung. Den Tiergeräuschen werden Eigenschaften zugesprochen, die das Kind, welches ein bestimmtes Tier spielt, darstellen muss (der Hund ist traurig, die Katze ist wütend usw.).

Zwei Freunde

Alter: ab 2 Jahre
Ort: beliebig
Mitspieler: beliebig
Spielablauf: Die Kinder machen die Geräusche der beiden Tiere in der Geschichte nach.

Auf einem alten Bauernhof lebt ein großer (Hund). *Der hat seit kurzem eine Freundin, eine kleine* (Ente). *Den ganzen Tag laufen der* (Hund) *und die* (Ente) *auf dem Hof herum und besuchen die anderen Tiere, die hier leben. Wenn die Sonne scheint, wandern der* (Hund) *und die* (Ente) *zu ihrem Lieblingsplatz, einem Teich, der in der Nähe ist.*
Die (Ente) *schwimmt dort auf dem Wasser, während der* (Hund) *sich unter einen großen Baum legt und schläft. Der* (Hund) *und die* (Ente) *bleiben dort so lange, bis es dunkel wird. Erst dann kehren der* (Hund) *und die* (Ente) *zurück auf den Bauernhof. Der* (Hund) *und die (Ente) verraten niemandem ihren Lieblingsplatz, denn dort wollen die beiden nicht gestört werden.*

Variation:
- Die Kinder bewegen sich dazu im Raum.
- Die Kinder nennen weitere Tiere und machen deren Geräusche und Bewegungen nach.

Für ältere Kinder: Die Geschichte kann gespielt und mit Orff-Instrumenten untermalt werden.

Mitmachlieder und Singsang-Geschichten

Die nachfolgenden Lieder und kleinen musikalischen Geschichten sind schöne Entspannungsangebote, mit denen die Kinder auch wichtige Erfahrungen im taktil-kinästhetischen Bereich machen können: Körperhaltung und Körperempfindung, Muskelspannung und Muskelentspannung spielen dabei eine Rolle.

Kreative Mitmachlieder

Bei den folgenden Spielimpulsen sollen die Kinder Töne und Klänge „sehen". Sie dürfen Spaß daran haben zur Musik Spuren auf dem Papier zu hinterlassen. Malen Sie ruhig auch schon mit den Jüngeren nach Musik. Ein großes Blatt, streichfähige Farbe und Musik inspirieren auch sie.

Materialerkundung

Alter: ab 2 Jahre
Ort: an einem großen Tisch oder auf dem Boden
Mitspieler: 6–8 Kinder
Material: leere Margarinetöpfe, mehrere Fingerfarben, Kleister, Rasierschaum, große Blätter, Abdeckfolie, Tesakrepp, große Malkittel (Oberhemden), alte Tücher
Spielablauf: Bevor Sie die nachfolgenden Lieder vorsingen, können die Kinder erst einmal mit den Materialien experimentieren.
Hinweis: Bei allen Angeboten steht wieder die Freiwilligkeit und die Freude im Vordergrund. Wenn ein Kind nicht dem Text entsprechend malt, akzeptieren Sie dieses Verhalten bei jüngeren Kindern. Ältere Kinder sollten sich an den Text halten.

Saus, saus, saus, saus nun um das Haus

Spielverlauf: Singen Sie das Lied. Die Kinder tauchen ihre Hand in Fingerfarbe und entsprechend dem Text ziehen sie mit der Handfläche über das Blatt

Saus, saus, saus, saus nun um das Haus,
saus, du lieber Wirbelwind,
sause heute ganz geschwind.
Saus, saus, saus, saus nun um das Haus.
Melodie: Summ, summ, summ, Bienchen summ herum

Es regnet, es regnet

Spielablauf: Zuerst dürfen die Kinder mit den Händen und Fingern Spuren auf dem Blatt hinterlassen. Singen Sie dann das Lied. Die Kinder tauchen bei jeder Strophe ihre Zeigefinger in die Farbe und tippen damit, während das Lied gesungen wird, auf dem Blatt herum.

Es regnet, es regnet, es regnet ganz sacht,
die Tropfen sind leise und niemand erwacht.

Es regnet, es regnet, ich werde ganz nass,
ich hüpfe und springe, ja das macht mir Spaß.

Es regnet, es regnet, es regnet nicht mehr,
die Sonne, sie wärmt mich, ich freue mich sehr.
Melodie: Schneeflöckchen, Weißröckchen …

Viele große Fische

Spielablauf: Die Kinder ziehen mit der Hand eigene Spuren. Danach ziehen sie, dem Lied entsprechend, mit der Hand über das Blatt. Singen Sie es ihnen vor.
Für ältere Kinder: Sie ziehen nur mit der Handkante die Spuren.
Variation: Die Kinder geben zunächst mit ihren Händen blaue Fingerfarbe auf das Blatt. Danach ziehen sie mit der Handkante Spuren.

Viele große Fische schwimmen in dem Meer,
schwimmen in dem Meer,
schwimmen auf und nieder, mögen das so sehr.

Viele große Fische schwimmen in dem Meer,
schwimmen in dem Meer,
schwimmen auf und nieder und mal kreuz und quer.

Viele große Fische schwimmen in dem Meer,
schwimmen in dem Meer,
schwimmen auf und nieder, man sieht sie nun nicht mehr.
Melodie: Alle meine Entchen …

Singsang-Geschichten ohne Materialien

Vor dem Mittagsschlaf, vor dem Nachhausegehen oder einfach zwischendurch können Sie mit den Kleinen Spielgeschichten zu Singsang-Melodien spielen. Dabei spüren sie die Berührungen auf ihrem Körper passend zum Text. Erfinden Sie dazu eine beruhigende Singsangmelodie und das Einschlafen geht viel leichter. Die Geschichten eignen sich auch sehr gut für einen ruhigen Abschluss nach einem musikalischen Angebot. Eine Sammlung von kleinen Singsang-Geschichten mit wenig Aufwand, aber dafür umso größerer Wirkung finden Sie in diesem Abschnitt.

Miau, so macht die kleine Katze

Alter: ab Geburt
Ort: beliebig
Mitspieler: Einzelangebot
Spielablauf: Während Sie die Geschichte erzählen, streicheln Sie den Körper des Kindes.

Miau, so macht die kleine Katze,
sie streichelt dich mit ihrer Tatze.
Sie streichelt dich, schleicht sich dann fort
an einen schönen, ruhigen Ort.

(2. Teil:)
Doch sie kommt zum Glück
schnell zu dir zurück.
Sie streichelt dich, schleicht sich dann fort
an einen schönen, ruhigen Ort.
(wenn das Kind noch Interesse hat, so kann der
2.Teil nach Belieben mehrmals wiederholt werden)

Viele bunte Fische

Alter: ab Geburt
Ort: beliebig
Mitspieler: Einzelangebot
Spielablauf: Streichen Sie mit den Handflächen entsprechend dem Text über den Rücken des Kindes.

Viele bunte Fische schwimmen in dem Meer,
schwimmen eng zusammen, mögen sich so sehr.
Schwimmen auseinander, schwimmen hin und her,
schwimmen eng zusammen und auch kreuz und quer.
Viele bunte Fische schwimmen nun nach Haus,
schwimmen in die Höhle, ruhen sich dort aus.

Ein Riese poltert übers Feld

Alter: ab Geburt
Ort: beliebig
Mitspieler: Einzelangebot
Spielablauf: Der Riese wird durch die geballte Faust und der Zwerg durch eine Fingerspitze dargestellt. Entsprechend dem Text bewegt sich der Finger bzw. die Hand auf dem Körper oder Rücken des Kindes.

Ein Riese poltert übers Feld,
er poltert, weil es ihm gefällt,
er poltert und er weckt den Zwerg,
der kommt müd aus seinem Berg.
Er sieht den Riesen und läuft schnell,
so weit er kann, von dieser Stell.
Der Riese poltert weiter fort
und verlässt nun diesen Ort.

Singsang-Geschichten mit Materialien

Auch hier können Sie kurze Singsang-Geschichten zur Entspannung der Kinder einsetzen. Diesmal benötigen Sie dazu Material.

Ein Pinsel, der dreht seine Runde

Alter: ab Geburt
Ort: beliebig
Mitspieler: Einzelangebot
Material: Kosmetik- oder Rasierpinsel
Spielablauf: Führen Sie den Pinsel zum Text über den Körper oder Rücken des Kindes.

Ein Pinsel, der dreht seine Runde,
er marschiert schon eine Stunde,
bleibt jetzt auch mal ganz ruhig stehn,
will nun schnell nach Hause gehn.

Wattewolken weich und klein

Alter: ab Geburt
Ort: beliebig
Mitspieler: Einzelangebot
Material: 2 Watteböllchen
Spielverlauf: Fahren Sie zu dieser Geschichte mit zwei Wattebällchen auf dem Körper des Kindes auf und ab. Das Kind sollte am besten nur leicht bekleidet sein, um den Kontakt intensiver zu spüren.

Wattewolken weich und klein
tanzen heut fast von allein
auf deinem Rücken munter,
schwupp, springen sie herunter.

Eine kleine Feder

Alter: ab Geburt
Ort: beliebig
Mitspieler: Einzelangebot
Material: eine Feder
Spielablauf: Fahren Sie mit einer Feder über den Rücken des Kindes, dann über Arme, Beine etc.

Eine kleine Feder spür, die ist nicht schwer
(Feder auf den Rücken legen),
diese kleine Feder tanzt jetzt hin und her
(mit der Feder verschiedene Körperteile des Kindes berühren),
streichelt deine Beine, streichelt deinen Bauch,
streichelt deine Arme, deine Hände auch.
Doch nun ist sie müde und sie will nach Haus,
streichelt dich noch mal und das schöne Spiel ist aus.

Warme kleine Bälle

Alter: ab Geburt
Ort: beliebig
Mitspieler: Einzelangebot
Material: zwei Luftballons, die mit warmen Wasser gefüllt werden
Spielablauf: Füllen Sie zwei Luftballons mit warmem Wasser und knoten Sie diese fest zu. Halten Sie die Ballons am Knoten fest und lassen sie entsprechend dem Text über den Körper oder Rücken des Kindes hüpfen.

Die warmen kleinen Bälle
tanzen nun auf dieser Stelle,
tanzen hier und tanzen dort
und plötzlich sind die Bälle fort.

Wischi, wischi, wisch, wisch, wasch ...

Alter: ab Geburt
Ort: beliebig
Mitspieler: Einzelangebot
Material: trockener, weicher Schwamm
Spielverlauf: Führen Sie den Schwamm zum Text über den Körper oder Rücken des Kindes.

Wischi, wischi, wisch, wisch, wasch,
schau, der Schwamm, er hat viel Spaß.
Er wischt und wischt in einem fort,
wischt mal hier und auch mal dort,
ruht sich aus, macht eine Pause,
wischt noch einmal – geht nach Hause.

In der Klangwerkstatt

Selbst gemachte Klangwerkzeuge sind nicht nur kostengünstiger, sondern auch viel individueller und origineller als gekaufte. Wenn Sie Instrumente selbst herstellen, können Sie Ihrer Kreativität freien Lauf lassen. Der Aufwand lohnt sich, denn die Kinder sind mit Begeisterung bei der Sache.
Diese Klangwerkzeuge unterstützen die musikalische Arbeit, indem sie die akustische Wahrnehmungsfähigkeit des Kindes anregen, seine Bewegungs- und Singfreude aktivieren, sein Gefühl für Rhythmus und Tempo und seine Aufmerksamkeit schulen. Die Klangwerkzeuge können sowohl im Säuglings- als auch im Kleinkindalter eingesetzt werden.

Klangbälle

Alter: ab 6 Monate
Material: Luftballons in allen Farben, Formen und Größen, kleine Glocken, Erbsen, Reis, Knöpfe
Herstellung: Füllen Sie die unterschiedlichen Ballons mit den oben genannten Materialien.
Spielmotivation: Diese klingenden Ballons laden zum Mitmachen ein. Durch Schütteln, Schubsen, Stoßen, Werfen, Rollen entstehen Geräusche, die zum Springen, Krabbeln, Hüpfen und Tanzen einladen. Die gefüllten Ballons können gut als Rassel eingesetzt werden, denn man kann sie am Knoten gut halten und schütteln.
Hinweis: Die übergroßen Ballons, die auch mit Glöckchen gefüllt werden, können Sie sehr gut zur Entspannung bei den Kleinsten einsetzen. Der Säugling kann bäuchlings auf sie gelegt und hin und her gerollt werden. Die kleineren Ballons können in Greifhöhe über Kinderbetten oder Spieldecken angebracht werden. So kann der Säugling sie immer wieder mit Händen und Füßen berühren und Töne erzeugen.

Klanghandschuhe

Alter: ab 6 Monate
Material: Strickhandschuh, Glöckchen, Nähzeug
Herstellung: An die Spitze der einzelnen Finger wird je ein Glöckchen genäht. Ziehen Sie den Handschuh an. Durch das Bewegen der Finger entsteht eine Glockenmusik.

Klangkissen

Alter: ab 6 Monate
Material: Waschhandschuhe, weiches Füllmaterial, Glöckchen, Nähzeug
Herstellung: Füllen Sie die Waschhandschuhe mit dem Füllmaterial und nähen sie zu. Dann nähen Sie darauf viele kleine Glöckchen fest. Wenn die klingenden Kissen nun geschüttelt oder geworfen werden, sind leise Glockentöne zu hören.
Hinweis: Die klingenden Kissen können in Greifhöhe über das Bett oder eine Spieldecke gehängt werden, so dass das Kind durch den Einsatz von Händen und Füßen immer wieder Klänge erzeugt.

Klingende Dosen

Alter: ab 1 Jahr
Material: Dosen in allen Formen und Größen (Filmdosen, runde, längliche Röhren von Brausetabletten, Kaffeedosen), Füllmaterial wie Erbsen, Holzperlen, Knöpfe, Bohnen
Herstellung: Füllen Sie die Dosen mit den Materialien und verschließen Sie sie gut. Nun kann das Kind spielend in die Welt der Klänge eintauchen und seiner Fantasie dabei freien Lauf lassen.

Rasselflaschen

Alter: ab 1 Jahr
Material: kleine und große durchsichtige Plastikflaschen; Füllmaterial wie Perlen, Mais, Erbsen, Bohnen usw.
Herstellung: Die Flaschen werden von den Etiketten befreit und mit dem o.g. Material halb gefüllt. Der besondere Reiz an diesen Flaschen liegt darin, das die Kinder das bunte Innenleben sehen und gleichzeitig mit dem Hören des Geräusches die Bewegung der Materialien in den Flaschen beobachten können.

Klingende Löffel

Alter: ab 1 Jahr
Material: Holzlöffel, breites Gummiband, Glöckchen, Nähzeug
Herstellung: Nähen Sie auf ein kurzes Stück Gummiband ein Glöckchen. Dieses Gummiband wird zusammengenäht und auf den Löffelstiel gezogen. Je mehr Glöckchen auf den Stiel gezogen werden, umso schöner klingt es.

Löffelrasseln

Alter: ab 1 Jahr
Material: Holzlöffel, Glocken, Wolle oder festes Band, Handbohrer
Herstellung: Bohren Sie in den Holzlöffel Löcher. Durch diese wird das Band gezogen. An das vordere und hintere Ende binden Sie ein Glöckchen. Je mehr solcher Glockenketten an den Holzlöffel gebunden werden, umso kräftiger ist der Klang.

Klingende Bänder

Alter: ab 1 Jahr
Material: breites Gummiband, Glöckchen, Nähzeug
Herstellung: Nähen Sie die Glöckchen an ein Gummiband und schließen Sie das Band mit einer Naht. Die Bänder können die Kinder um Beine und Füße tragen, so dass bei jeder Bewegung Glockentöne entstehen.

Die Musik in der Sprache entdecken

Für die Unterstützung der musikalischen Früherziehung sind Kniereiter, Klatsch- und Sprechverse von großer Bedeutung. Durch das Klatschen wird das Instrumentalspiel vorbereitet, denn spielerisch wird der Rhythmus verinnerlicht. Mit Hilfe der Kniereiter tritt der Erwachsene mit dem Kind in einen engen Kontakt, wodurch ein Gefühl der Geborgenheit und der Verbundenheit entsteht. Dieses wiederum macht Lust auf gemeinsames Summen, Sprechen und Singen. Kniereiter, Klatsch- und Sprechverse verbessern die Kommunikations- und Konzentrationsfähigkeit des Kindes.

Ein Lied oder einen Vers klatschend zu begleiten, dazu braucht ein Kind die Fähigkeit, sich über einen längeren Zeitraum zu konzentrieren. Klatschen und Sprechen miteinander zu verbinden, dazu gehört eine Menge Übung. Die Verse sollen aber auch zum Mitspielen auffordern. Kniereiter sind Einstiegshilfen in die Welt der rhythmischen Sprache und schon ab dem 6. Monat beliebt. Kinder kreischen und quieken, hören und staunen, lachen und rhythmisieren schnell mit. Daher sind diese Elemente aus der musikalischen Frühförderung nicht wegzudenken.

Verse zum Klatschen und Spielen

Spielablauf:

- Die Kinder klatschen und Sie sprechen den Vers in einem Sprechgesang.
- Die Kinder versuchen das Klatschtempo dem Sprechtempo anzugleichen.
- Werden die Verse als Kniereiter gespielt, dann sitzen die Kinder auf dem Schoß des Erwachsenen.

Eine weiße Katze
streichelt ihre Tatze,
streichelt auch ihr Fell,
läuft weg nun ganz, ganz schnell
(die Kinder sind Katzen und spielen den Text; in der letzen Zeile verstecken sie sich im Raum).

Eine kleine graue Maus
schleicht langsam um das Haus.
Sie läuft das ganze Stück,
drum ist sie schnell zurück
(die Kinder krabbeln durch den Raum; in der letzten Zeile krabbeln sie zu ihrem Platz zurück).

Ein großer Elefant,
der trampelt durch das Land.
Er trampelt nun nach Haus
und ruht sich lange aus
(die Kinder legen ihren Kopf auf den ausgestreckten Arm, dann stampfen sie durch den Raum; in der letzten Zeile suchen sie sich einen Platz, wo sie sich ausruhen können).

Die lange Schlange Zisch
kriecht über einen Tisch.
Sie kriecht den Tisch hinab,
bleibt liegen nun ganz schlapp
(bei diesem Vers kann ein Kind über einen Tisch kriechen und mit Hilfestellung wieder hinunter).

Für ältere Kinder: Beim Rhythmisieren können Instrumente eingesetzt werden.

Pitsch, patsch, Regentropfen,
die heut leise klopfen,
locken mich hinaus
aus dem warmen Haus
(alle Kinder stehen in einem Seilkreis und stampfen mit ihren Füßen auf den Boden; in der letzten Zeile laufen sie aus dem Kreis heraus).

Das Auto Tütata,
ja, das ist ganz schnell da.
Es hupt und lädt dich ein
sein Fahrgast heut zu sein
(ein Kind ist das Auto, ein anderes stellt sich dazu und beide fahren durch den Raum).

Das Flugzeug fliegt ganz leise,
macht eine weite Reise.
Es fliegt und landet schnell
grad hier auf dieser Stell
(die Kinder breiten ihre Arme aus und laufen durch den Raum;
in der 3. Zeile gehen sie in die Hocke).

Sprechversgeschichte: Ein Bär will heut spazieren gehen

Alter: ab 3 Jahre
Ort: beliebig
Mitspieler: 6–8 Kinder
Material: zwei Stoffbären, ein großes grünes Tuch, für jedes Kind ein paar Klangstäbe, ein Abdecktuch, einen Triangel, für jedes Kind eine Teppichfliese oder ein Hocker, ein Reisigbesen in einem Topf mit Steinen (Baum)
Spielablauf: Hocker und Teppichfliesen sind im Raum verteilt. Die Kinder suchen sich einen Sitzplatz und erfühlen den Bären, den Sie auf ein grünes Tuch (Wiese) gelegt und mit einem Abdecktuch abgedeckt haben. Wenn alle dran waren, rufen sie auf ein Signal (1, 2, 3) hin ihre Lösung. Nehmen Sie das Tuch weg, so dass alle Kinder schauen können, ob sie richtig geraten haben. Auf das Tuch stellen Sie dann den Baum. Mit Hilfe des Triangels verwandeln Sie die Kinder in Bären. Schlagen Sie erneut das Instrument an. Die Kinder gehen schwer und brummend so lange durch den Raum, über und auf die Hocker, auf die Fliesen, bis das Instrument wieder ertönt. Dann bleiben sie stehen. Ertönt der Triangel erneut, gehen sie weiter. Dieses Spiel kann mehrmals wiederholt werden und dabei werden die Gangarten verändert (der Bär läuft schnell, klettert, macht sich groß, geht auf zwei Beinen usw.). Verwandeln Sie zum Schluss die Bären wieder in Menschenkinder.
Die Kinder setzen sich nun hin. Erzählen Sie mit dem passenden Sprechrhythmus die ersten beiden Strophen der folgenden Geschichte. Dabei sollte der Spannungsbogen deutlich zu hören sein. Das Knacken spielen Sie mit den Klangstäben.

Ein Bär will heut spazieren gehn
und sich dabei im Wald umsehn.
Er brummt und brummt, läuft kreuz und quer
durch den dichten Wald daher.

Plötzlich knackt es hier und dort,
der Bär, er läuft nun ganz schnell fort.
Versteckt sich hinter einem Baum
(Stoffbär an den „Baum" setzen),
was sieht er da, er glaubt es kaum.

Fragen Sie die Kinder, woher dieses Knacken kommen könnte. Die Kinder werden verwandelt und sind nun selbst Bären. Sie stehen auf und spielen diese zwei Strophen.

Danach setzen sie sich wieder auf die grüne Decke. Holen Sie an der entsprechenden Stelle den zweiten Bären und erzählen den zweiten Teil der Geschichte:

Ein Bär will heut spazieren gehn
und sich dabei im Wald umsehn.
Er brummt und brummt, läuft kreuz und quer,
durch den dichten Wald daher.

Plötzlich bleibt er stocksteif stehn,
er hat einen Bärn gesehn.
(den anderen Bären hervorholen und beide einander gegenüberhalten)
Der brummt, kommt hinterm Baum hervor
und beide brummen sie im Chor.

Gemeinsam brummen, das ist schön,
gemeinsam wollen sie nun geh'n.
Doch es knackt, oh weh, oh Schreck,
brummend laufen beide weg.

Abschluss: Alle Kinder bekommen ein Paar Klangstäbe und können Knackgeräusche machen.

Für ältere Kinder:

- Zwei Kinder spielen die Bären und somit auch die Geschichte.
- Die Kinder bekommen Klangstäbe und spielen die Knackgeräusche.

Bewegung mit Händen und Füßen

Das Einsetzen von Bewegungen und das Mitspielen mit Händen und Füßen gehören unbedingt in die musikalische Früherziehung. Sie gehören zur Schulung der Körper-, Raum- und Krafterfahrung. Nur durch eigene Aktivität kann das Kind sich in Geschicklichkeit, in der Grob- und Feinmotorik, im Sozialverhalten, also in der Fähigkeit, sich in eine Gruppe einzugliedern, üben.

Spielgeschichten mit Musik

Durch Spielgeschichten lernt das Kind schrittweise den Spielanweisungen zu folgen, seine Kraft zu dosieren und auch den Umgang mit Erfolg und Misserfolg. Die Erfahrungen, die ein Kind dabei macht, sind für das spätere Musizieren in einer Gruppe oder das Erlernen eines Tanzes sehr wichtig. Sie gehören zu den Basisübungen in der musikalischen Früherziehung.

Zeitungsspielgeschichte

Alter: ab 2,5 Jahre
Ort: Gymnastikraum
Mitspieler: 6–8 Kinder
Materialien: grüne Decke, viele Zeitungen, Rekorder/CD-Spieler, klassische, ruhige Musik, großer Korb, Tamburin
Vorbereitung: Die grüne Decke wird in einer Raumecke ausgebreitet und das Material liegt griffbereit.
Spielablauf: Die Kinder versammeln sich auf der grünen Decke (Wiese). Sie stellen ihnen ein pantomimisches Rätsel. „Was mache ich?" (Zeitung lesen). Danach legen Sie einen Stapel Zeitungen in die Mitte und erzählen die folgende Geschichte:

Florian trägt jeden Tag die Zeitung aus. Er steckt sie in die Briefkästen vieler Häuser. Wenn er morgens früh losgeht, ist auf den Straßen schon viel los. Er sieht viele Autos und Busse, die hupend durch die Straßen fahren. Er begegnet auch schon vielen Menschen. Einige gehen eilig zur Arbeit, andere sind noch müde und schlurfen langsam daher. Er sieht Hunde, die durch den Park strolchen und laut bellen, wenn sie

Florian sehen, Katzen, die ihn schon früh am Morgen mit einem freundlichen Miau begrüßen und ein Stück des Weges mit ihm gehen und Kinder, die eilig zur Schule laufen.
(die Kinder erinnern sich noch einmal an die Bewegungen und Geräusche in der Geschichte und machen sie nach)

Als er an diesem Morgen die Zeitungen austragen will, weht draußen ein starker Wind. Florian macht die Haustür auf, da passiert etwas Schreckliches: Der Wind reißt ihm die Zeitungen aus der Hand und zerfetzt sie in unzählige kleine Stücke (die Kinder zerfetzen die Zeitungen und werfen die Schnipsel durch den Raum). *Die Zeitungsfetzen fliegen wie Blätter durch die Luft. Vor Florians Tür sieht es schrecklich aus. Florian ist ratlos. Doch schnell kommen viele nette Menschen und helfen ihm die Schnipsel aufzuheben. Sie knüllen sie zusammen und bringen Florian viele kleine und große Zeitungsbälle* (die Kinder stehen auf, sammeln die Schnipsel ein und formen daraus kleine Bälle). *Florian bedankt sich und bringt die Zeitungsbälle ins Haus. Dann geht er zu den Menschen, die sonst eine Zeitung bekommen, und erzählt ihnen, was passiert ist. Am Nachmittag lädt er die Kinder aus der Nachbarschaft ein, macht mit ihnen und den vielen Zeitungsbällen und alten Zeitungen schöne Spiele.*

Laden Sie die Kinder nun zu Zeitungsspielen ein. Sie können zuerst selbst Spiele erfinden und danach stellen Sie Ihre Spiele vor.

Zeitungsspiele (für jüngere und ältere Kinder):

1. Eine Zeitungsseite vor den Bauch legen und ohne sie festzuhalten durch den Raum laufen.
2. Sich auf zwei Zeitungshälften stellen und wie auf Skiern durch den Raum schlurfen.
3. Eine Zeitung zusammenrollen und zu zweit gegeneinander „kämpfen" ohne sich zu berühren.
4. Auf dem Boden Zeitungen verteilen und von Zeitung zu Zeitung springen.
5. Zu zweit Rücken an Rücken stellen und eine Zeitung dazwischen klemmen. Diese transportieren (Variation: Bauch an Bauch stellen).
6. Zeitung auf den Kopf legen und ganz schnell laufen. Wer seinen „Hut" verliert, macht eine Spielpause.
7. Zu zweit eine Zeitung halten und darauf einen Zeitungsball hüpfen lassen.
8. *Die Zeitungsschnecke:* Ein Kind kniet sich. Das andere packt auf seinen Rücken viele Zeitungsbälle. Diese sollen zu einem Ziel gebracht werden ohne einen Ball zu verlieren.

9. *Zeitungssitzfußball:* Alle sitzen in einem Kreis. Nun wird ein Zeitungsfußball von einem Kind zum anderen geschossen.
10. Zeitungen mit den Füßen zerreißen.
11. *Zeitungsball-Stopptanz:* Die Kinder halten zwischen den Beinen, auf der Hand, auf dem Kopf etc. den Zeitungsball und tanzen nach einer Musik. Stoppt die Musik, halten auch die Kinder an.
12. *Zeitungen einsammeln:* Auf ein Kommando (Tamburin) sammeln sie die Zeitungsbälle ein und bringen sie in den Korb.

Schluss: Nach diesen Spielen setzen sich die Kinder paarweise auf die grüne Decke. Ein Kind legt sich auf den Rücken oder den Bauch. Bei ruhiger Musik deckt das andere Kind dieses mit Zeitungen zu. Nach einer Ruhephase nimmt es die Zeitungen wieder weg (Wechsel). Zum Schluss können sich alle über das Erlebte unterhalten.

Kissenspiele und -geschichten

Alter: ab 2,5 Jahre
Ort: Gymnastikraum
Mitspieler: 6–8 Kinder
Material: viele unterschiedliche Kissen (Sie können vielleicht von den Eltern Kissen ausleihen), mehrere kleine Bastelglocken, Nähzeug, ein kleines Kissen, 6–8 Waschhandschuhe, Kastanien, grüne Decke, Rekorder mit ruhiger Musik, rote und grüne Pappe
Materialvorbereitung:
- *Klingelkissen:* Nähen Sie an ein kleines Kissen viele Glocken.
- *Massagekissen:* Füllen Sie Waschhandschuhe mit Kastanien (nicht zu viele) und nähen sie zu.

Raumvorbereitung: Die grüne Decke wird in eine Raumecke gelegt. Verstecken Sie alle Kissen, bevor die Kinder den Raum betreten, unter der Decke.

Spielvorschläge:
- Die Kinder treffen sich wie gewohnt auf ihrer grünen Decke. In einem Gespräch wird nun erforscht, warum die Decke Hügel hat und was dies sein kann. Sie können über die Decke gehen und von Hügel zu Hügel treten, über die Decke mit den Hügeln krabbeln oder sie mit ihren Händen erfühlen und erraten. Danach können sie unter die Decke fassen und die Kissen hervorholen.

- Laden Sie die Kinder ein, mit dem Bus an einen See zu fahren. Gemeinsam bauen sie mit den Kissen den Bus (alle Kissen werden hintereinander gelegt). Die Kinder steigen ein und die Fahrt geht los. Sie spielen den Busfahrer und geben die Kurven und Straßenverhältnisse durch Ihre Körperbewegung vor. Die Kinder machen die Busgeräusche nach. Nach einer langen Fahrt sind alle am Ziel. Es ist ein großer See. Die Kinder steigen aus dem Bus aus und in ein Paddelboot ein (jedes Kind legt sein Kissen in den Raum, setzt sich und paddelt pantomimisch los).
  Am Ufer angekommen liegen dort viele Steine und die Kinder springen von Stein zu Stein (die Kissen im Raum verteilen und drüber springen). In der Ferne sehen sie ein Karussell. Damit wollen sie nun auch noch fahren (ein Kind setzt sich auf ein Kissen, das andere Kind fasst seine Hände und dreht es mit dem Kissen im Kreis).

Hinweis: Sollte dies für die Kinder zu schwer sein, drehen Sie die Kinder mit dem Kissen! Der Ausflug ist beendet und alle fahren mit dem Bus zurück (die Kinder bilden mit ihren Kissen wieder einen Bus und fahren genau wie vorher nach Hause). Zu Hause angekommen, laden Sie die Kinder zu Kissenspielen ein. Sie können sich mit ihren Kissen Spiele überlegen, die Sie vormachen und alle machen mit.

Spielangebote:

- *Kissen schieben:* Das Kissen mit einem Stab durch den Raum schieben. Es können Autos sein, die durch die Stadt fahren. Die Kinder machen die Geräusche der Autos nach. Sie dürfen nicht zusammenstoßen, sondern müssen halten oder sich aus dem Weg fahren. Wenn Sie ein rotes Schild hochhalten (Ampel), bleiben alle stehen. Zeigen Sie ein grünes Schild, fahren alle, ohne sich zu berühren, weiter..

- *Kissentransport:* Nun sind die Kinder Lastwagen. Mit dem Kissen auf dem Kopf gehen sie mit oder ohne Geräusche durch den Raum. Sie bringen das Kissen zu einem vorher bestimmten Platz und holen sich ein neues. Die Laster dürfen dabei nicht zusammenstoßen.

- *Klingelkissen:* Die Kinder bekommen ein Klingelkissen und verteilen sich in den vier Raumecken. Ein Kind steht in der Kreismitte und schließt die Augen. Nun klingeln auf Ihre Anweisung die Kinder, die in den einzelnen Ecken stehen. Das Kind in der Mitte zeigt in die Richtung.

Ruhiger Abschluss: Die Kinder legen sich mit ihrem Kissen auf die Wiese und ruhen sich für eine kurze Zeit bei ruhiger Musik aus. Sie bilden Paare. Ein Kind legt sich auf den Bauch, das andere kniet daneben. Das kniende Kind bekommt einen mit Kastanien gefüllten Waschhandschuh. Bei ruhiger Musik kann es nun das liegende Kind mit diesem Kissen massieren (leicht klopfen, reiben).

Für ältere Kinder:

- *Kissenhüpfen:* Auf der Wiese sind Frösche, die quakend von Stein zu Stein (von *Kissen zu Kissen)* hüpfen.

- *Kissenfangen:* Zwei Kinder stehen sich gegenüber und werfen sich das Kissen zu.

- *Kissenlauf:* Das Kissen zwischen die Beine nehmen und eine Strecke laufen.

- *Klingelkissen:* Vorher haben Sie an ein Kissen Glocken genäht. Die Kinder dürfen sich dieses Kissen mit Zurufen des Vornamens zuwerfen. Wer das Kissen fallen lässt, macht eine Spielpause. Es werden immer weniger Kinder, bis zum Schluss nur noch eins übrig bleibt (dieses wird jedoch nicht besonders gelobt).

- *Ein Besuch beim Zauberer Irrwisch auf der Kisseninsel:* Alle Kinder legen ihr Kissen auf den Boden. Jedes stellt eine kleine Insel dar. Ein Kissen wird vor Spielbeginn weggelegt, in einer Raumecke liegt die grüne Decke. Erzählen Sie zu Beginn folgende Geschichte:

Der Zauberer Irrwisch ist heute wieder unterwegs. Er will sich im Zaubern üben und sucht Kinder, die er in Steine verwandelt. Er geht also los und trifft auch Kinder, die er verzaubern will (Sie als Spielleitung sind der Zauberer). *Jedoch wollen nicht alle Kinder verzaubert werden. Sie können sich auf dem Kissen in Sicherheit bringen.*

Die Kinder laufen durch den Raum. Ertönt die Glocke des Zauberers (Glocke), stellt sich jedes auf ein Kissen, um nicht verzaubert zu werden. Das Kind, das kein Kissen hat, wird von dem Zauberer Irrwisch in einen Stein verzaubert. Es kauert sich dann auf den Boden. Wieder wird eine Kisseninsel weggenommen, und das Spiel geht weiter. Es ist beendet, wenn der Zauberer alle Kinder in Steine verwandet hat.

Da Irrwisch ein netter Zauberer ist und nur üben wollte, verzaubert er alle Steine wieder zurück in Kinder und lädt sie zu einer Kissenschlacht zu sich auf seine Wiese ein (die Kinder stehen auf der grünen Decke und dürfen sich mit den Kissen bewerfen). *Es wird Abend und der Zauberer schlägt den Kindern vor, heute Nacht in einem großen Bett aus Kissen bei ihm zu schlafen* (die Kinder legen alle Kissen zusammen, legen sich hin und dürfen nun mit Hilfe einer Zaubermusik ein wenig träumen).

Mit der Zauberglocke wecken Sie die Kinder und alle kommen auf die grüne Decke, um von dem, was sie erlebt haben, zu berichten.

Spielgeschichten mit klingenden Luftballons

Alter: ab 3 Jahre
Ort: Gymnastikraum
Mitspieler: 6–8 Kinder
Material: grüne Decke, Karton, viele unterschiedlich große Luftballons mit einem oder mehreren Glöckchen darin, Zylinder, Zauberstab, beschwingte Instrumentalmusik oder ruhige Musik, Frisbee-Scheiben, mehrere Handtücher, ein großes Betttuch, mehrere Holzlöffel
Spielablauf: Die Kinder sitzen auf der „Wiese" (Decke) und Sie erzählen ihnen eine Geschichte.

Die Zauberkugeln vom Zauberer Irrwisch

Es war einmal eine kleine bunte Kugel. Die lag mit vielen andern bunten Kugeln in einem Zauberhut. Dieser Hut und auch die kleinen bunten Kugeln gehörten dem Zauberer Irrwisch. Irrwisch wohnte in einem kleinen Haus am Rande eines Tannenwaldes. Er war ein sehr guter Zauberer und konnte alles um sich herum verzaubern. So auch die kleinen bunten Kugeln. Um Mitternacht, wenn es ganz still im Zauberwald war, nahm er seinen Zauberhut, zog mit seinem Zauberstab drei große Kreise in die Luft, atmete tief ein und pustete mit seinem Zauberatem die Kugeln an. Da geschah etwas Wunderbares. Die Kugeln sprangen aus dem Hut und jede von ihnen hatte einen wunderschönen Klang. Nach einer Zaubermusik, die aus dem kleinen Haus kam, hüpften und sprangen sie vergnügt umher. Erst als die Musik zu Ende war, fielen die Kugeln langsam zur Erde und blieben dort ganz ruhig liegen. Der Zauber war zu Ende. Der Zauberer Irrwisch sammelte sie alle wieder ein, legte sie in seinen Hut und brachte alles zurück ins Haus. Für diese Nacht war der Zauber vorbei.

Nun zeigen Sie den Kindern eine „Zauberkugel" (Luftballon), holen Ihren Zauberstab, ziehen mit ihm dreimal einen großen Kreis in die Luft, atmen tief ein, blasen den Ballon immer wieder an und lassen ihn durch den Raum kullern. Begleitet wird das Spiel von einer Zaubermusik. Bleibt der Ballon endgültig liegen, so wird die Musik ausgestellt.

Bewegungsteil: Verwandeln Sie die Kinder in kleine Zauberkugeln. Holen Sie Ihren Zauberstab, ziehen Sie mit ihm drei große Kreise, atmen tief ein und aus und lassen die Kinder nach der Musik hüpfen. Erst wenn die Musik verklungen ist, legen die Kinder sich auf den Boden und der Zauber ist vorbei.
Danach laden Sie die Kinder ein, mit ihrer Hand eine Schale zu formen und, wenn sie wollen, die Augen zu schließen. Dort hinein legen Sie nun jedem Kind eine Zauberkugel. Mit ihr darf es frei zur Zaubermusik spielen. Ist die Musik aus, legen die Kinder die Kugel auf den Boden. Beginnt die Musik wieder, nehmen sie sich eine neue Kugel und spielen weiter.
Schluss: Alle Zauberkugeln werden wieder in einen Karton gelegt.
Für den nächsten Tag oder für ältere Kinder:
1. Die Luftballons werden mit Frisbee-Scheiben in Bewegung versetzt.
2. Die Luftballons werden mit Holzlöffeln bewegt.
3. Die Kinder sitzen im Kreis und rollen sich einen Luftballon zu. Dabei können sie folgenden Vers singen:

Viele kleine Bälle rollen hin und her,
rollen hin und her, rollen immer wieder,
ja das ist gar nicht schwer.
Viele kleine Bälle rollen immerzu,
rollen immerzu,
rollen nur noch langsam, kommen nun zur Ruh.
Melodie: Alle meine Entchen…

4. Alle Luftballons liegen auf einem Betttuch. Es wird von den Kindern gehalten und leicht geschaukelt. Auf ein Kommando werfen sie die Ballons mit Schwung in die Luft. Die Kinder sammeln sich wieder auf der grünen Wiese, können ihre Erfahrungen austauschen und sich noch ein wenig ausruhen.

Spielgeschichte: Morgen ist es in dem Zoo

Alter: ab 3 Jahre
Ort: beliebig
Mitspieler: 6–8 Kinder
Material: Triangel, Teppichfliesen
Spielablauf: Die Kinder sitzen auf Teppichfliesen, die Sie im Raum verteilt haben. Mit Hilfe eines Triangelschlages werden sie in den einzelnen Strophen in die entsprechenden Tiere verwandelt. Die Kinder spielen den Text der Spielgeschichte, die Sie ihnen in einem dynamischen Sprechrhythmus erzählen.
Hinweis: Bei jüngeren Kindern kann die Anzahl der Strophen verringert werden.

Morgen ist es in dem Zoo,
erwacht sind alle, auch der Floh.
Der Bär, er reckt sich, gähnt und dann,
fängt er froh zu stampfen an.

Refrain:
Stampfen, stampfen, das ist fein,
stampfen kann er schon allein,
dreht sich schnell im Kreis herum,
plötzlich, bums, da fällt er um.

Morgen ist es in dem Zoo,
erwacht sind alle, auch der Floh.
Der Affe reckt sich, gähnt und dann,
fängt er froh zu springen an.

Refrain: *Springen, springen …*

Morgen ist es in dem Zoo,
erwacht sind alle, auch der Floh.
Der Löwe reckt sich, gähnt und dann,
fängt er froh zu schleichen an.

Refrain: *Schleichen, schleichen …*

Morgen ist es in dem Zoo,
erwacht sind alle, auch der Floh.
Das Nilpferd reckt sich, gähnt und dann,
fängt es froh zu schwimmen an.

Refrain: *Schwimmen, schwimmen …*

Morgen ist es in dem Zoo,
erwacht sind alle, auch der Floh.
Der Adler reckt sich, gähnt und dann,
fängt er froh zu fliegen an.

Refrain: *Fliegen, fliegen …*

Nun endlich sind die Tiere wach,
sie machen alle tüchtig Krach,
sie schreien, kreischen, ja und dann,
fangen sie froh zu tanzen an.

Refrain: *Tanzen, tanzen …*

Und ist der schöne Tanz dann aus,
dann gehen sie zurück ins Haus.
Hungrig warten sie aufs Fressen,
der Wärter hat sie nicht vergessen.

Für ältere Kinder:

- Nur bestimmte Kinder werden für die einzelnen Strophen in Tiere verwandelt.
- Der Refrain wird mit Orff-Instrumenten begleitet.

Gesprochene Fingerspiele

Mit Hilfe der Fingerspiele erfahren die Kinder, dass auch das gesprochene Wort einen Klang, einen Rhythmus, ein Tempo und eine Dynamik hat. Je melodischer der Sprachrhythmus ist, umso eingängiger ist der Text. Das Kind wird motiviert mitzumachen und beginnt auch in seine Sprache einen Rhythmus, eine Dynamik zu bringen.

Die unten angegebenen Texte sind schon für Kinder ab 6 Monaten gedacht. Mitmachen werden sie jedoch erst dann, wenn sie in der Lage sind, das, was sie gesehen haben, selbst umzusetzen. Da jedes Kind sein eigenes Entwicklungstempo hat, kann die Zeit bis dahin sehr unterschiedlich sein. Diese Fingerspiele eignen sich auch sehr gut als Entspannungsspiele. Der Erwachsene spielt den Inhalt des Fingerspieles auf dem Rücken des Kindes.

Malen wollen meine Finger

Spielablauf: Der Text wird mit den beiden Zeigefingern gespielt.

Malen wollen meine Finger,
diese klitzekleinen Dinger.
Sie malen hin und malen her,
was sie malen, ist nicht schwer.
Sie malen rauf und wieder runter,
die Finger, ja, die sind sehr munter.
Sie malen rundherum
(Kreise malen)
und fallen plötzlich um
(Finger auf die Oberschenkel schlagen).
Sie ruhen sich nun aus
und laufen dann nach Haus
(Finger hinter den Rücken legen).

Meine Hände können klatschen

Spielablauf: Der Text wird entsprechend gespielt.

Meine Hände können klatschen
(Hände aneinander schlagen),
meine Hände können patschen
(Hände auf die Oberschenkel schlagen),
meine Hände können klopfen
(mit den Fäusten auf denn Brustkorb klopfen)
und sich ineinander stopfen
(beiden Hände fest ineinander legen),
meine Hände können ruhn
(Hände ruhig auf ein Körperteil legen),
und dann nichts mehr tun.

Die Finger wollen tippen

Spielablauf: Der Text wird entsprechend gesprochen und gespielt.

Die Finger wollen tippen, sie fangen langsam an,
sie tippen erst ganz langsam und trippeln dann voran.
Sie tippen auf die Nase, sie tippen auf den Bauch
und auf die beiden Schulten, tippen sie nun auch.
Sie tippen auf die Beine und auf den kleinen Fuß
und auf die schmalen Lippen, tippen sie zum Schluss.
Doch endlich sind sie müde
(Finger auf die Oberschenkel legen)
und ruhn sich lange aus.
Sie wolln ein wenig schlafen und kriechen in ihr Haus
(die Finger zusammen ziehen und zur Faust ballen).

Die Hände wolln spazieren gehen

Spielablauf: Die Kinder bewegen entsprechend dem Text die Finger.

Die Hände wolln spazieren gehn
(mit den Händen auf die Oberschenkel schlagen)
und sich die schöne Welt ansehn.
Sie laufen jetzt ganz schnell
(schnell auf die Oberschenkel schlagen),
sie stehen auf der Stell
(die Hände ruhig liegen lassen),
sie laufen schnell nach Haus
(mit den Fingern auf dem Rücken laufen)
und ruhen sich dort aus.

Der erste Finger tanzt ganz schnell

Spielablauf: Die Finger werden dem Text entsprechend bewegt.

Der erste Finger tanzt ganz schnell
auf und ab auf einer Stell.
Der zweite Finger fängt sodann
auch ganz schnell zu zappeln an.
Der dritte Finger steht ganz still,
weil er der Längste hier sein will.
Der vierte Finger zappelt sehr,
ihm fällt das Stillstehn ganz, ganz schwer.
Der fünfte Finger ist noch klein,
er will bei seinen Freunden sein.
Alle Finger zappeln munter
immer wieder rauf und runter,
berühren dich
(auf dem Körper des anderen Kindes herumlaufen)
und laufen fort
(auf den eigenen Rücken laufen)
ganz schnell hier von diesem Ort.

Gesungene Finger- und Fußspiele

Das Spiel mit Händen und Füßen kann schon früh mit Hilfe von eingängigen Melodien und kleinen Liedern wirkungsvoll unterstützt werden.

Meine Füße, die stampfen

Alter: ab 2 Jahre
Ort: beliebig
Mitspieler: beliebig
Spielanweisung: Der Text gibt die Bewegungen vor.

Meine Füße, die stampfen, ja, sie stampfen ganz schnell,
ja, sie stampfen und stampfen heut so gern auf der Stell.

Meine Füße, die laufen, ja, sie laufen ganz schnell,
ja, sie laufen und laufen heut so gern auf der Stell.

Meine Füße, die springen, ja, sie springen ganz schnell,
ja, sie springen und springen heut so gern auf der Stell.

Meine Füße, die stehen, ja, sie stehn auf der Stell,
ja, sie stehen und stehen, laufen heut nicht mehr schnell.
Melodie: Kommt ein Vogel geflogen

Variation: Diese Bewegungen können auch mit den Händen gemacht werden.
Für ältere Kinder: Es werden neue Strophen erfunden.

Alle Kinder hier im Kreis

Alter: ab 1,5 Jahre
Ort: beliebig
Mitspieler: beliebig
Spielanweisung: Der Text gibt die Bewegungen vor.

Alle Kinder hier im Kreis, können ganz laut klatschen,
klatschen alle, schaut mal her, ja, das Klatschen ist nicht schwer.
Klatschen munter, sind dann still, machen eine Pause
(die Hände ruhen sich auf den Oberschenkeln aus).
Melodie: Alle Vögel sind schon da…

Weitere Strophen:
- *… können ganz laut stampfen* (mit den Füßen stampfen)
- *… können ganz laut reiben* (Hände aneinander reiben)
- *… können ganz hoch springen* (auf der Stelle springen)

Sie als Spielleitung können weitere Strophen erfinden.
Für ältere Kinder: Diese Kinder können ebenfalls weitere Strophen erfinden.

Zeigt her eure Hände

Alter: ab 1,5 Jahre
Ort: beliebig
Mitspieler: beliebig
Spielanweisung: Der Text gibt die Bewegungen vor.

Zeigt her eure Hände und schaut euch mal an,
was man mit den Händen so alles machen kann.
Wir klatschen, wir klatschen, wir klatschen immerzu,
wir klatschen, wir klatschen und kommen jetzt zur Ruh.
Melodie: Zeigt her eure Füße…

Weitere Strophen:
- Wir reiben … (Hände aneinander oder auf den Oberschenkeln reiben)
- Wir patschen … (Hände auf die Oberschenkel schlagen)
- Wir laufen … (mit den Händen über seinen Körper laufen)

Variationen:
- Die Kinder können auch an Wände, Schränke usw. reiben, klopfen, laufen.
- Die Geräusche können auch mit den Füßen gemacht werden.

Für ältere Kinder: Sie erfinden neue Strophen.

Neue Klatsch-, Stampf-, Tanz- und Bewegungslieder

Die nun folgenden Lieder zeichnen sich durch Textwiederholungen, leichte Melodien und viel Bewegung aus. Singen und spielen Sie jedes neue Lied immer wieder, denn nur über die Wiederholung lernt das Kind. Da die Lieder mit Hilfe verschiedener Sinnes- und Bewegungsreize erarbeitet werden, speichert das Kind Text, Melodie und Bewegung in beiden Gehirnhälften ab und kann sie so jederzeit wieder abrufen. Wenn Sie das eine oder andere Stück zu lang finden, können Sie es Ihrer Gruppe entsprechend kürzen.

Ich bin ein flinker Hampelmann

Bewegungslied; Text: Ingrid Biermann, Melodie: Jörg Schnieder

Alter: ab 2,5 Jahre
Ort: beliebig
Mitspieler: beliebig
Material: Rasseleier
Spielablauf: Beim Refrain können die Kinder sich frei bewegen und dazu die Rasseleier spielen. Die Bewegungen entsprechen dem Text.

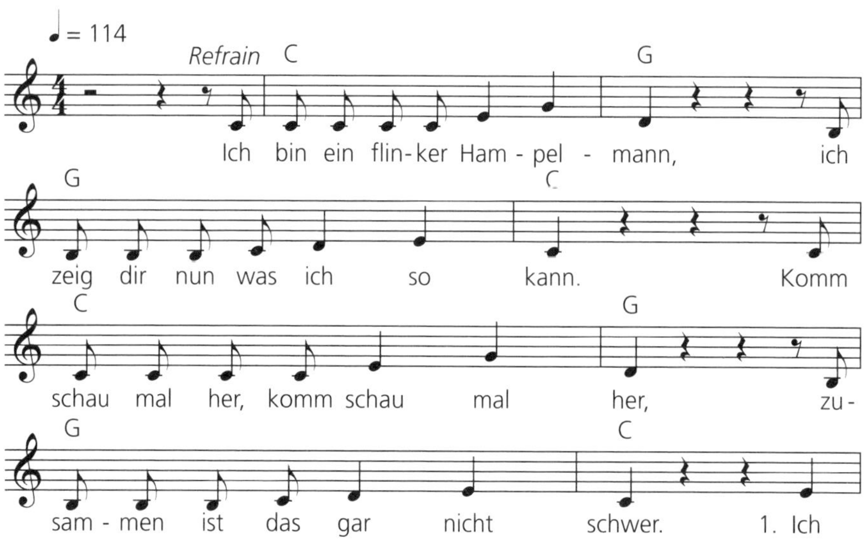

Ich stampfe mit den Füßen,
ja, das macht sehr viel Spaß.
Ich stampfe schnell, ich stampfe schnell,
jetzt ruhn die Füße auf der Stell.

Ich drehe mich im Kreise,
ja, das macht sehr viel Spaß.
Ich dreh mich schnell, ich dreh mich schnell,
jetzt ruht mein Körper auf der Stell.

Refrain:
Ich bin ein flinker Hampelmann …

Zicke, Zacke …

Bewegungslied; Text: Ingrid Biermann, Melodie: Jörg Schnieder

Alter: ab 2,5 Jahre
Ort: beliebig
Mitspieler: beliebig
Material: ggf. Rasseln
Spielablauf: Bei dem Refrain können die Kinder wie Zwerge gehen. Dabei halten sie ihre Hände wie eine Mütze über den Kopf. Die Bewegungen entsprechen dem Text.

Fuß nach vorn und auch zurück,
hüpfen wollen wir ein Stück,
hocken uns und stehen still,
weil ein jeder ruhen will.

Wir sind müd und gehn nach Haus,
ruhen uns vom Tanzen aus,
hocken uns, sind klitzeklein,
summen leis und schlafen ein.

Refrain:
Zicke, Zacke …

Dideldum, dideldum, ich bin der Zaubermann

Spiellied; Text: Ingrid Biermann, Melodie: Jörg Schnieder

Alter: ab 2,5 Jahre
Ort: beliebig
Mitspieler: beliebig
Material: Zauberstab, Zauberumhang
Spielablauf: Sie sind der Zauberer. Singen Sie die einzelnen Strophen und bewegen Ihren Zauberstab entsprechend dem Text. Den Refrain tanzen die Kinder, d. h., sie erfinden eigene Zaubermannbewegungen (hüpfen, trampeln, sich drehen, laufen usw.).

Mein Zauberstab, mein Zauberstab
bewegt sich langsam auf und ab
und hokus, pokus, eins, zwei, drei,
ihr Elefanten kommt herbei.

Refrain: *Dideldum, dideldum, …*

Mein Zauberstab, mein Zauberstab
bewegt sich langsam auf und ab
und hokus, pokus, eins, zwei, drei,
ihr Schmetterlinge kommt herbei.

Refrain: *Dideldum, dideldum, …*

Für ältere Kinder: Es können weitere Strophen gedichtet werden. Die Kinder werden in einzelne Gruppen aufgeteilt. Ein Kind spielt den Zauberer, die anderen Kinder stellen die entsprechenden Tiere dar. Für die einzelnen Tiergruppen werden Orff-Instrumente eingesetzt.

Ganz leise geht der Elefant

Tanzlied; Text: Ingrid Biermann, Melodie: Jörg Schnieder

Alter: ab 2,5 Jahre
Ort: beliebig
Mitspieler: beliebig
Material: Handtrommeln

Ganz leise geht der Elefant
(ein Kind geht als Elefant)
alleine durch das Wüstenland.
Sein Rüssel, ja, der ist ganz schwer
und pendelt immer hin und her.

Refrainvorschlag: Wiederholen Sie die Melodie nach jeder Strophe, begleitet von dumpfen Trommelschlägen. Die Kinder gehen dazu wie Elefanten durch den Raum.

Ganz leise geht der Elefant
(ein Kind geht als Elefant)
alleine durch das Wüstenland,
trifft viele Freunde, ach wie schön
(alle Kinder gehen als Elefanten),
sie alle wollen mit ihm gehn.

Schluss:
Am Abend ruhen sie sich aus,
ein jeder geht zurück nach Haus
(jedes Kind geht zurück auf seinen Platz).
Törö, ruft jeder Elefant,
dann ist es leise in dem Land.

Refrain:
Ganz leise geht der Elefant
mit vielen Freunden durch das Land,
sein Rüssel, ja, der ist sehr schwer
und pendelt immer hin und her.

Für ältere Kinder: Die Kinder begleiten den Refrain mit der Handtrommel.

Weißt du wie die Vögel fliegen

Sing- und Spiellied; Text: Ingrid Biermann, Melodie: Jörg Schnieder

Alter: ab 2.5 Jahre
Ort: beliebig
Mitspieler: beliebig
Material: ggf. Orff-Instrumente
Spielablauf: Nach jeder gesungenen Strophe machen die Kinder die Bewegungen und Geräusche, die in der Strophe beschrieben wurden.

9.

Weißt du, wie die Frösche springen,
wie sie quaken, wie sie singen?
Zeig es mir und mach mir vor,
wie sie quaken laut im Chor.

Refrain: *Quak, quak …*

Weißt du, wie die Katzen schleichen
und sich ihre Pfoten streichen?
Zeig es mir und mach mir vor,
wie sie miauen laut im Chor.

Refrain: *Miau, miau …*

Weißt du wie die Kinder träumen,
wie sie schlafen unter Bäumen?
Zeig es mir und mach mir vor,
wie sie summen leis im Chor.

Refrain: (die Melodie wird gesummt)

Für ältere Kinder: Die einzelnen Strophen werden von einer Kleingruppe vorgestellt und mit Orff-Instrumenten begleitet.

Die kleine Biene Sumsebrumm

Fingerspiellied; Text: Ingrid Biermann, Melodie: Jörg Schnieder

Alter: ab 2,5 Jahre
Ort: beliebig
Mitspieler: beliebig
Material: entfällt
Spielablauf: Die Biene wird mit dem Zeigefinger gespielt. Entsprechend der Strophe ruht sie sich auf dem genannten Körperteil aus.

Refrain (der Finger bewegt sich dem Text entsprechend):
Summ, summ, so fliegt sie hin und her,
summ, summ, das Fliegen mag sie sehr,
summ, summ, fliegt sie von Ort zu Ort,
summ, summ, jetzt ist die Biene fort
(die Hand hinter den Rücken nehmen).

Die kleine Biene Sumsebrumm,
(die Hand hervor holen und mit dem Finger weiter die Biene spielen)
die fliegt ganz munter heut herum.
Sie ruht sich auf dem Arm nun aus
und fliegt dann wieder weit hinaus.

Refrain:
Summ, summ …

Die kleine Biene Sumsebrumm,
die fliegt ganz munter heut herum.
Sie ruht sich auf dem Kopf nun aus
und fliegt dann wieder weit hinaus.

Refrain:
Summ, summ …

Für ältere Kinder kann der Text beliebig erweitert werden:

Die kleine Biene Summsebrumm,
die fliegt ganz munter heut herum
(die Körperstellen, die die Biene nun berühren soll, können vom Kind bestimmt werden).
Sie ruht sich auf dem … nun aus

Refrain:
Summ, summ …

Schlussstrophe:
Die kleine Biene Sumsebrumm,
die fliegt ganz munter heut herum.
Sie ruht sich in der Hand nun aus
(mit der anderen Hand eine Schale bilden und den Finger dort hinein legen),
fliegt heute gar nicht mehr hinaus.

Variation: Aus dem Fingerspiellied kann ein Tanz gemacht werden. Die Kinder bewegen sich entsprechend dem Text. Der Ort, wo sich die Biene ausruht, heißt nun Stuhl, … Boden, … Teppich oder Bank.
Für ältere Kinder: Bei dem Refrain können Orff-Instrumente eingesetzt werden.

Schau her, ich bin ein froher Wicht

Spiellied; Text: Ingrid Biermann, Melodie: Jörg Schnieder

Alter: ab 2,5 Jahre
Ort: beliebig
Mitspieler: beliebig
Material: ggf. Orff-Instrumente
Spielablauf: Der Text gibt die Bewegungen vor. Bei der letzen Strophe legen sich die Kinder auf den Boden oder setzen sich wieder auf ihren Stuhl. Hier können eventuell Strophen entfallen.

Schau her, ich bin ein froher Wicht,
was ich nicht kann, das gibt es nicht.
Ich laufe munter hin und her,
das ist für mich gar nicht so schwer.

Schau her, ich bin ein froher Wicht,
was ich nicht kann, das gibt es nicht.
Ich tanze munter hin und her,
das ist für mich gar nicht so schwer.

Schau her, ich bin ein froher Wicht,
was ich nicht kann, das gibt es nicht.
Jetzt bin ich müd, will nur noch ruhn,
will nur noch schlafen, nichts mehr tun.

Für ältere Kinder: Für die einzelnen Bewegungen werden Orff-Instrumente, Instrumente aus Naturmaterialien oder selbst gemachte Instrumente eingesetzt.

Der Regen prasselt auf das Dach

Text: Ingrid Biermann, Melodie: Jörg Schnieder

Alter: ab 3 Jahre
Ort: beliebig
Mitspieler: beliebig
Spielablauf für die erste Strophe:

- Die Kinder klopfen mit ihren Fingerspitzen auf den Tisch.
- Die Kinder trippeln mit den Füßen auf den Boden.

Spielablauf für die zweite Strophe:

- Die Kinder schlagen mit den Händen auf den Tisch, den Boden oder an die Wand.

Spielablauf für die dritte Strophe:

- Die Kinder drehen ihre Hände umeinander.
- Die Kinder kullern auf dem Boden herum.

Die Regentropfen kullern schnell,
sie liegen still auch auf der Stell.
Das Regenlied, es ist nun aus,
die Regentropfen ruhn sich aus.

Für ältere Kinder: Die einzelnen Strophen können mit Orff-Instrumenten begleitet werden.

Mehrtägige musikalische Einheiten

Wenn Sie mit Ihren Kindern die Spielangebote in den Kapiteln 3–9 durchgeführt haben und ihnen noch etwas Besonderes anbieten wollen, dann finden Sie in dem folgenden Kapiteln drei musikalische Projekte, die sich unter Berücksichtigung der ganzheitlichen musikalischen Frühförderung mit Orff-Instrumenten befassen.
Die Vorschläge fassen dabei alle spielerisch erlernten Grundlagen der vorigen Kapitel zusammen. Sie können damit über mehrere Tage mit der gleichen Kindergruppe arbeiten.

Klangstabprojekt

In dieser musikalischen Einheit geht es darum, die Kinder mit dem Orff-Instrument Klangstab vertraut zu machen. Musikalische Basiselemente wie Raum-, Zeit- und Krafterfahrung, der Umgang mit dem Tempo, der Dynamik, der Einsatz von Klatschrhythmen, differenzierte Wahrnehmungsübungen, Kreativität und Bewegung sollen den Kindern die Vielfalt der Musik näher bringen.

Alter: ab 3 Jahre
Ort: beliebig
Mitspieler: 6–8 Kinder
Material: siehe Angaben bei den einzelnen Augeboten

Klopf, klopf, klopf ...

Text: Ingrid Biermann, Melodie: Jörg Schnieder

Material: (für jedes Kind ...) zwei Holzlöffel, zwei Esslöffel, zurechtgeschnittene Äste, zurechtgeschnittene Bambusstäbe, Holzkleiderbügel (ohne Haken), Klangstäbe (Orff-Instrumentarium)
Spielablauf: Die Kinder können mit diesen Klangwerkzeugen zunächst einmal frei experimentieren und Musik machen. Danach werden sie zum folgenden Lied eingeladen.
Hinweis: Das Lied mit den zwei Strophen wird immer wieder neu gesungen und mit anderen Klangstäben wie Holzlöffel, Esslöffel usw. begleitet. Zum Schluss werden alle Klangwerkzeuge zusammen eingesetzt.

Bei jeder Strophe wechseln die Klangstäbe und begleiten die Strophe neu.

Klangstabtanz

Material: lange Holzlöffel oder Besenstiele, die in 2 oder 3 Stücke zersägt wurden
Spielablauf: Zeigen Sie den Kindern zwei Besenstiele und erklären Sie ihnen, dass dies zwei ganz besondere Stöcke sind, die dem Zauberer Musikus gehören. Danach erzählen Sie folgende Geschichte:

Im Garten von Zauberer Musikus stehen ganz viele Besenstiele an der Hauswand. Sie sehen zwar aus wie Besenstiele, es sind aber Zauberstangen. Wenn Zauberer Musikus in seinen Garten geht und mit seiner Zaubertrommel sanft eine Melodie anschlägt, dann beginnen die Zauberstangen zu tanzen und selbst Musik zu machen. Diese klingt weit ins Land hinein und jeder, der sie hört, kommt zum Zauberer Musikus in den Garten, um den Klangstabtanz zu tanzen. Alle Besucher haben sehr viel Spaß. Erst wenn Zauberer Musikus seine Zaubertrommel wieder sanft anschlägt, dann hat dieser Zauber ein Ende. Aus den tanzenden Stäben werden wieder Besenstiele, die still an der Hauswand stehen und darauf warten, das der Zauberer Musikus wieder die Zaubertrommel schlägt.

Musikalisches Experimentieren mit Besenstielen

Die Kinder bekommen einen Besenstiel oder einen Rhythmikstab. Damit können sie experimentieren und ihren eigenen Rhythmus erfinden. Sie können mit den Stäben auf den Boden, an die Wand, auf den Tisch, den Stuhl oder auf andere Dinge schlagen und dort Töne erzeugen. Nach dieser Phase können die Kinder erst mal ihr Klangstabspiel vorstellen.

Das besondere Konzert

Nachfolgende Erweiterungsvorschläge können Sie für den nächsten Tag nutzen.

Material: mehrere Eimer in verschiedenen Größen aus Plastik (Müll-, Putz- oder Wassereimer), mehrere lange Holzlöffel oder die kleinen Besenstiele
Spielvorschläge:
- Die Kindern dürfen mit den Eimern Musik machen, z. B. einen neuen Rhythmus erfinden. Diesen spielen sie den anderen Kindern vor.

- Aus mehreren Plastikeimern wird nun ein Schlagzeug gebaut. Mit Hilfe ihrer Holzlöffel können sie wieder einen Schlagrhythmus erfinden und ihn den anderen Kindern vorstellen.

Für ältere Kinder:

- Danach werden Paare gebildet. Sie stehen voreinander und versuchen, durch Aneinanderschlagen der eigenen Stäbe mit denen des anderen einen Schlagrhythmus zu erfinden. Diesen Rhythmus stellen sie den anderen Kindern vor.
- Nun versuchen sie, ein ihnen bekanntes Lied, z. B. „Alle meine Entchen" mit den Klangstäben zu begleiten.

Klingende Töne im Wind

Fantasiereise

Material: für jedes Kind eine Decke und ein Kissen, ein Windspiel (aus Holz oder Metall), bunte Tücher, Kerzen in einem Einmachglas, eine Lampe mit Dimmer
Raumvorbereitung: In einem warmen Raum oder in einer Kuschelecke werden die Decken zu einem Kreis zusammen gelegt. Die Mitte ist mit bunten Seidentüchern, einer Kerze und mit Naturmaterialien, der Jahreszeit entsprechend, geschmückt. Wenn die Kinder es gewohnt sind, dann kann der Raum leicht verdunkelt werden. Die Geschichte wird langsam und mit vielen Pausen erzählt. Vor Ihnen steht eine Schüssel mit Wasser und das Holzwindspiel.

Leg dich auf deine Decke.
Leg dich so hin, dass du dich gut ausruhen kannst.
Wenn du willst, kannst du deine Augen schließen.
Ich erzähle dir nun eine kleine Geschichte.
Zauberer Musikus begleitet dich.
Diese Geschichte führt dich an einen Bach.
Dort hörst du keine lauten Autos, sondern ganz leise Wassermusik
(mit der Hand in einer Schüssel Wassergeräusch erzeugen).

Stell dir vor du sitzt an diesem Bach.
Du schaust hinein und siehst viele bunte Fische
Du siehst auch viele große und kleine Steine
Und immer wieder hörst du das Wasser plätschern
(mit der Hand das Wasser bewegen).

Mit einem Mal hörst du ein wunderschönes Lied
(das Holzwindspiel in Bewegung bringen).
Der Wind singt für dich ein Lied
(das Holzwindspiel in Bewegung bringen).
Bleib still liegen und hör es dir an
(eine kurze Zeit nur das Holzwindspiel in Bewegung bringen).
Nun ist meine Geschichte zu Ende.
Noch einmal hörst du den Wind, der dich ganz langsam weckt
(das Holzwindspiel in Bewegung setzen).
Öffne nun deine Augen, beweg dich langsam auf der Decke
und wenn du wieder ganz wach bist, dann setz dich hin.
Nun kannst du mir erzählen, wie dir diese Geschichte gefallen hat.

Schluss: Die Kinder werden mit dem folgenden Windvers verabschiedet.

Hör der Wind, er geht ganz leise,
er macht eine weite, weite Reise
(Windspiel leicht anschlagen).
Er sagt ganz leis: „Auf Wiedersehn,
mit Euch war es wunderschön!
(Windspiel leicht anschlagen)
Ich gehe nun ganz leise,
mach eine weite Reise
(Windspiel leicht anschlagen).
Auf Wiedersehn, auf Wiedersehn,
mit dir war es wunderschön!"
(vor jedem Kind das Windspiel leicht anschlagen)

Zauberer Musikus und die Windhexe

Ein bewegtes musikalisches Märchen

Material: Holzwindspiel
Spielablauf: Schlagen Sie bei dem Wort „Windhexe" leicht das Holzwindspiel an.

Im Märchenwald wohnt nicht nur der Zauberer Musikus, sondern auch seine Freundin, die (Windhexe). *Immer wenn Musikus auf seinem Zauberbesen eine ganz lange Reise machen will, dann ruft er die* (Windhexe). *Mit Sausen und Brausen kommt dann die* (Windhexe) *angeflogen und dabei hört man ihr wunderschön klingendes Windlied. Zauberer Musikus sagt seiner Freundin, der* (Windhexe), *wo er hin will, und sofort macht die* (Windhexe) *dann ganz viel Wind. In einem großen Bogen fliegt der Zauberer Musikus dann über sein Haus und die* (Windhexe) *bläst so lange bis sie ihren Freund, den Zauberer Musikus, nicht mehr sieht. Dann sitzt die* (Windhexe) *vor seiner Tür und wartet, bis die Sonne untergeht, denn dann muss sie ihrem Freund wieder Wind schicken, damit er schnell nach Hause zurückkommt. Manchmal schläft die* (Windhexe) *ein und erst, wenn die Nachteule heult, wird sie wieder wach. Dann bläst die* (Windhexe) *so fest sie kann und im Nu ist der Zauberer Musikus wieder zu Hause. Dann gehen Musikus und die* (Windhexe) *auf eine Tasse Tee ins Zauberhaus. Dort erzählt Musikus der* (Windhexe), *wo er war. Wenn die Sterne am Himmel stehen, verabschiedet sich die* (Windhexe) *und mit Sausen und Brausen fliegt sie nach Hause zurück. Musikus legt sich schlafen und wird erst wieder wach, wenn die Sonne durch seine Fenster scheint.*

Für ältere Kinder:

- Die Kinder spielen die Windhexe und können, wenn sie das Wort hören, laut pusten, heulen oder leicht mit den Lippen vor ein Stück Pergamentpapier blasen.
- Spielen Sie Instrumentalmusik vor, nach der die Kinder in freier Gestaltung einen Hexentanz erfinden können. Dazu halten sie in jeder Hand ein buntes Seidentuch, das sie zur Musik bewegen.

Rasselprojekt

In dieser musikalischen Einheit geht es darum, die Kinder mit einem weiteren Orff-Instrument vertraut zu machen. Die Wachheit, Aufmerksamkeit und musikalische Neugierde der Kinder macht sie fähig, kleine musikalische Aufgaben anweisungsgerecht zu erledigen, musisch kreativ zu sein und aufeinender folgende Angebote miteinander zu verknüpfen. Daher ist eine musikalische Einheit wie diese etwas, was auch schon in diesem Alter durchgeführt werden kann.

Hinweis: Die Kindergruppe sollte immer gleich bleiben, damit die Zielsetzung erreicht werden kann.
Alter: ab 3 Jahre
Ort: beliebig
Mitspieler: 6–8 Kinder

Zauberer Musikus, der Regenmacher

Ein bewegtes, musikalisches Märchen

Material: Filmdosen, Reis, Erbsen oder Bohnen, drei Decken oder Badetücher
Herstellung: Aus Filmdosen und Reis, Erbsen oder Bohnen basteln sich die Kinder eine kleine Rassel. Zunächst können die Kinder damit experimentieren und die Geräuschunterschiede herausfinden:
Für ältere Kinder: Die Kinder, bei denen sich der Ton gleich anhört, setzen sich zusammen auf eine Decke. Gemeinsam stellen sie ihren Ton vor.
Spielablauf: Die kleinen Rasseln sind Regenmacherrasseln. Diese spielen die Kinder, wenn in der Geschichte das Wort „Regenmacher" genannt wird.

Zauberer Musikus ist wegen seiner vielen Zauberinstrumente weit über den Wald hinaus bekannt. Nicht nur die Tiere kennen ihn, sondern auch die Zwerge des Waldes. Oft kommen sie zu ihm, sitzen mit ihm vor seinem Zauberhaus und spielen bis tief in die Nacht hinein mit den Zauberinstrumenten. Zauberer Musikus hat seit einigen Wochen ein ganz besonderes Instrument. Es ist eine Regenrassel. Wenn er diese spielt, kann er es regnen lassen. Deshalb nennt er sein Instrument auch den (Regenmacher).
Jedes Jahr im Sommer, wenn es sehr heiß ist und sehr wenig geregnet hat, hat Musikus viel zu tun; denn dann kommen die Zwerge fast täglich zu ihm und bitten ihn um Hilfe. Ihnen fehlt das Wasser, mit dem sie die Waldblumen und Waldbeeren gießen können. Zauberer Musikus geht dann mit den Zwergen zu den Blumen und Beeren. Musikus sagt einen Zauberspruch, bewegt den (Regenmacher) *und im Nu regnet es. Wenn der Sommer sehr warm ist, dann kommen die Zwerge oft zweimal am Tag und bitten Musikus um einen kleinen Regenschauer. Dann bewegt Musikus seinen* (Regenmacher), *und es regnet. Auch zur Mittagszeit hat Musikus viel Arbeit, denn wenn die Mittagssonne sehr heiß ist, kommen die Tiere zu seinem Zauberhaus, setzen sich unter einen großen Baum und warten auf ihn. Es dauert auch nicht lange, dann erscheint Musikus mit seinem* (Regenmacher). *Er sagt einen Zauberspruch, bewegt seinen* (Regenmacher) *und im Nu regnet es. So überleben die Tiere und die Zwerge des Waldes jedes Jahr den heißen Sommer. Wenn der Sommer vorbei ist, bedanken sich die Zwerge und Tiere des Waldes mit kleinen Geschenken bei Musikus; denn wenn sie ihn und den* (Regenmacher) *nicht hätten, ja dann würde es ihnen im Sommer sehr schlecht gehen.*

Für ältere Kinder:

- Die Kinder können ihre Rasseln tauschen und die Geschichte kann als Rollenspiel umgeändert werden.
- Gemeinsam singen und spielen die Kinder das folgende Lied.

Die Rassel singt ein Lied

Spielablauf: Das Lied wird mit der Rassel begleitet.

Die Rassel singt ein Lied.
Die Rassel singt ein Lied.
Die Rassel singt ein Rassellied Ri-, Ra-, Rassellied.
Die Rassel singt ein Lied.

Weitere Strophen:
Ganz leis ist dieses Lied …

Ganz laut ist dieses Lied …

Ganz schnell ist dieses Lied …

Ganz langsam ist das Lied …

Schlussstrophe:
Das war ein schönes Lied …
Melodie: Ein Schneider fing 'ne Maus

Wir bauen verschiedene Rasseln

Kreatives Angebot (für ältere Kinder)

Material: leere Kaffeedosen mit Deckel, leere Filmdosen, leere Plastikflaschen, leeres verschließbares Verpackungsmaterial aus Pappe etc., Erbsen, Reis, Bohnen, kleine Steinchen, Kastanien, Eicheln usw.
Herstellung: Die Kinder können nach Belieben die Materialien in die Behälter füllen und diese verschließen. Im Nu haben sie unterschiedlich klingelnde Rasseln.

Die Teesiebrassel

Material: zwei Teesiebe, Erbsen und Tesakrepp

Herstellung: Füllen Sie in ein Teesieb Erbsen, setzen Sie das andere darauf und verschließen die beiden Teesiebe fest mit Tesakrepp.

Die Kronkorkenrassel

Material: Kronkorken, Pfeifenputzer und V-förmige Astgabeln

Herstellung: Schlagen Sie vorher mit einem dicken Nagel und einem Hammer ein Loch in jeden Kronkorken. Ein Pfeifenputzer wird um den ersten Ast der Astgabel gedreht. Jedes Kind kann nun mehrere Kronkorken darauf auffädeln. Der Pfeifenputzer wird dann um den zweiten Ast gewickelt. Die Kronkorken können ersetzt werden durch Knöpfe oder Kastanien (dabei müssen Sie für die Kinder ein Loch in die Kastanie bohren).

Lasst die Rasseln klingen

Lied; Text: Ingrid Biermann, Melodie: Jörg Schnieder

Material: die gebastelten Rasseln oder fertige Rasseln (Orff-Instrumente)

Spielablauf: Der Text gibt die Spielanweisungen vor. Der Refrain wird immer mit unterschiedlichen Rasseln begleitet.

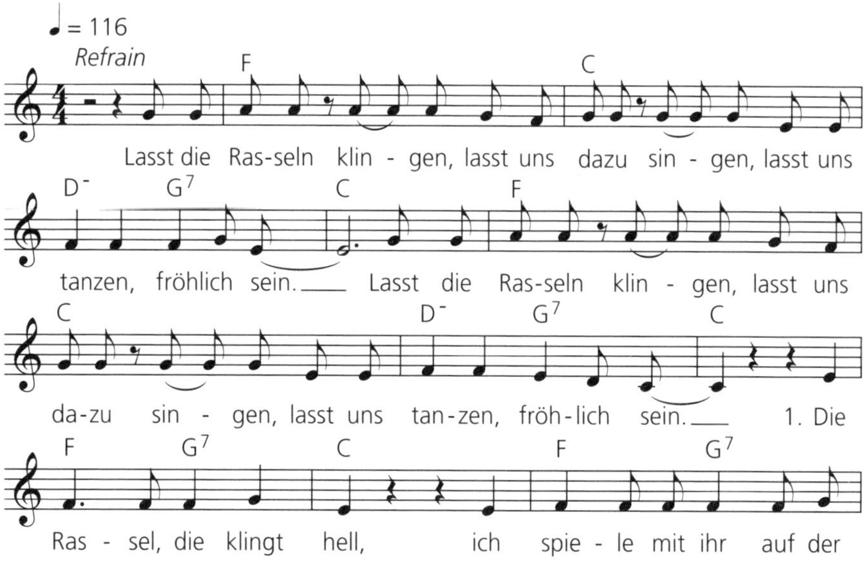

Die Rassel, die klingt hell,
ich stampfe mit ihr auf der Stell.
Ich spiel mit ihr, komm hör mir zu,
so schön rasseln kannst auch du
(ggf. rasseln die Kinder dazu).

Refrain: *Lasst die Rasseln klingen …*

Die Rassel, die klingt hell,
ich hüpfe mit ihr auf der Stell.
Ich spiel mit ihr, komm hör mir zu,
so schön rasseln kannst auch du.

Refrain: *Lasst die Rasseln klingen …*

Der Musikkreis

Mitmachgeschichte

Material: (pro Kind) Rassel, Trommel, ein Paar Klangstäbe, jedoch nur einen Weidenkorb

Spielablauf: Die Instrumente liegen im Korb. Die Kinder nehmen sich ein Instrument und spielen damit. Sie können tauschen. Wenn sie alle Instrumente gehört haben, legen sie sie in den Korb zurück.
Laden Sie die Kinder nun zu einem Spiel ein: Sie sollen die Augen schließen und Sie schlagen ein Instrument an. Die Kinder öffnen die Augen und nehmen das entsprechende Instrument aus dem Korb. Zeigen und spielen Sie Ihr Instrument und alle Kinder schauen und hören, ob sie das Instrument richtig erkannt haben. Dieses Spiel wird mehrmals wiederholt.

Nun nehmen Sie eine Rassel, eine Trommel und ein Paar Klangstäbe aus dem Korb. Die Kinder bekommen auch je eine Rassel. Die restlichen Instrumente werden zur Seite gelegt. Erklären Sie das Prinzip: Wenn in der Geschichte das Wort Rassel oder Rasseln vorkommt, machen Sie eine kurze Pause und die Kinder spielen ihr Instrument. Die restlichen Instrumente spielen Sie selbst.

Es war einmal eine RASSEL, die lag mit mehreren anderen RASSELN, einer TROMMEL und einem Paar KLANGSTÄBEN in einem Musikschrank. Jeden Morgen zum Musikkreis wurden die RASSELN, die TROMMEL und die KLANGSTÄBE aus dem Schrank genommen und an die Kinder verteilt. Kaum hatten die Kinder die RASSELN, die TROMMEL und die KLANGSTÄBE in der Hand, da wurde auch schon Musik gemacht. Die Kinder sangen schöne Lieder und machten dazu Musik. Die RASSELN, die TROMMEL und die KLANGSTÄBE klangen so wunderschön, dass die Kinder vor Freude tanzten. Doch nach einiger Zeit war der Musikkreis beendet und die RASSELN, die TROMMEL und die KLANGSTÄBE wurden wieder in den Musikschrank zurückgelegt. Dort mussten sie bis zum nächsten Morgen warten, denn dann wurde wieder, wie jeden Tag, Musik gemacht.

Für ältere Kinder:
- Die Trommel und die Klangstäbe werden auch von den Kindern gespielt.
- Mehrere Trommeln und Rasseln werden in den Kreis gelegt. Sie als Spielleitung haben zwei Stäbe.

Spielablauf: Die Kinder können nun erst einmal mit den Instrumenten experimentieren. Danach entscheiden sie sich für ein Instrument. Die Kinder mit dem gleichen Instrument setzen sich zusammen. Laden Sie die Kinder zu einem Rassel-Trommel-Konzert ein. Sie als Spielleitung dirigieren und halten in jeder Hand einen Stab. Nun heißt es aufgepasst. Wenn Sie auf die „Rasselgruppe" zeigen, so spielt diese. Zeigen Sie auf die „Trommelgruppe", dann diese. Zeigen Sie auf beide Gruppen, spielen beide. Legen Sie die Dirigentenstäbe auf den Boden, dann hören alle mit dem Spielen auf. Der Gruppenwechsel sollte langsam, aber unregelmäßig ablaufen, damit die Kinder ihre Aufmerksamkeit schulen können.

Die Rasselschlange

Material: für jedes Kind eine Rassel
Spielablauf: Sprechen Sie den Text in einem Sprechgesang. Die Kinder spielen wie beschrieben mit.

Sie als Spielleitung spielen den Schlangenkopf. Nehmen Sie eine Rassel, sprechen Sie die erste Strophe des Textes, gehen zu einem Kind, bleiben vor ihm stehen und sprechen die zweite Strophe. Dieses Kind steht auf, nimmt seine Rassel und geht mit. Danach wird wieder die erste Strophe gesprochen und gespielt. Führen Sie diesen Ablauf so lange durch, bis jedes Kind eine Rassel hat und mit der Schlange durch den Raum geht. Rasselnd bewegen sich die Kinder durch den Raum und Sie sprechen die dritte Strophe. Bei der letzen Zeile gehen die Kinder in die Hocke und die Rassel ist still.

1. Strophe:
Die Ri-, Ra-, Rassel, die rasselt immerzu.
Die Ri-, Ra-, Rassel, die kommt heut nicht zur Ruh.

2. Strophe:
Die Ri-, Ra-, Rassel, die bleibt jetzt vor dir stehn.
Die Ri-, Ra-, Rassel, sagt: „Du sollst mit mir gehen!"

3. Strophe
Die Ri-, Ra-, Rassel, die geht vergnügt im Kreis.
Die Ri-, Ra-, Rassel, die ist jetzt ganz leis.

Für ältere Kinder: Die Rolle des Schlangenkopfes übernimmt ein Kind.

Trommelprojekt

Auf Dosen, Stühlen, an Wänden, Türen und mit Topfdeckeln zu trommeln macht auch schon den Kleinen viel Freude. Wenn sie dabei noch gemeinsam singen und tanzen können, dann macht das Trommeln doppelt so viel Spaß. Jetzt zeigen sie, dass sie in der Lage sind, auf Anweisungen zu reagieren, rhythmisch zu schlagen, Pausen einzuhalten, ihre Kraft zu dosieren, schnell, langsam, laut und leise zu spielen und kleine Taktmelodien nachspielen zu können. Ihre Aufmerksamkeit, musikalische Neugierde und Experimentierfreude werden geweckt und ihr geschultes Ohr kommt zum Einsatz. Sie können musikalische Aufgaben anweisungsgerecht durchführen und folgende Angebote miteinander verknüpfen. Daher ist eine musikalische Einheit zum Thema Trommeln auch für die Kleinsten schon gut geeignet.

Hinweis: Die Kindergruppe sollte immer gleich bleiben, damit die Zielsetzung erreicht werden kann.
Alter: ab 3 Jahre
Ort: beliebig
Mitspieler: 6–8 Kinder

10.

Die Trommel

Material: für jedes Kind eine Handtrommel (Orff-Instrument)

Die Trommel, die Trommel, die geht heut herum
und dabei, und dabei macht sie ganz laut bumm.

Spielablauf: Die Trommeln liegen verteilt im Raum. Sprechen Sie den Vers. Die Kinder gehen durch den Raum. Bei dem Wort „bumm" sucht sich jedes Kind eine Trommel und schlägt sie einmal an. Der Vers kann mehrmals wiederholt werden.

Variationen der Verserarbeitung:

- Sie können den Vers laut und leise, dunkel und hell, schnell und langsam sprechen.
- Die Gangart der Kinder kann verändert werden.

Variation: Jedes Kind bekommt eine Trommel. Zunächst geht es durch den Raum ohne die Trommel zu schlagen. Nur bei dem Wort „bumm" schlagen alle auf ihre Trommel. Auch dieser Vers kann mehrmals in einem anderen Tempo, einer andern Dynamik und in einem andern Sprechrhythmus gesprochen werden.

Für ältere Kinder: Die Kinder sitzen im Kreis. Wenn der Vers gesprochen wird, geht die Trommel von einem Kind zum anderen, ohne dass darauf geschlagen wird. Das Kind, bei dem das Versende gesprochen wird, schlägt die Trommel an und behält sie. Eine neue Trommel kommt ins Spiel. Der Vers wird wieder gesprochen. Das Kind, bei dem das Versende gesprochen wird, schlägt die Trommel an und behält sie. Dieser Ablauf wird sooft wiederholt, bis jedes Kind eine Trommel hat. Nun wird der Vers von allen gesprochen und bei dem Wort „bumm" schlagen alle auf die Trommel.

Variationen für jüngere und ältere Kinder:

- Der Vers wird in verschiedenen Lautstärken und Geschwindigkeiten gesprochen (laut, leise, schnell, langsam).
- Der Vers wird in Bewegung umgesetzt. Die Kinder gehen zum Vers im Raum herum und bei dem Wort „bumm" stampfen sie.
- Die Kinder gehen durch den Raum herum und sprechen den Vers. Bei dem Wort „bumm" suchen sie sich einen Tisch, einen Stuhl, eine Tür oder den Fußboden aus, um darauf zu trommeln. Immer wieder gehen sie herum, sprechen den Vers und suchen sich einen neuen Platz aus, an dem sie bei dem Wort „bumm" trommeln können.
- Die Kinder gehen durch den Raum oder sitzen auf dem Stuhl. Sie sprechen den Vers und bei dem Wort „bumm" schlagen sie mit den Fäusten auf ihren Brustkorb. Sie können auch z. B. Rücken oder Oberschenkel als Körpertrommel verwenden.

- Jedes Kind sucht sich ein Möbelstück, eine Wand, die Tür, einen Bauklotz, ein Spielzeugkasten oder etwas anderes aus, auf dem es das Wort „bumm" schlagen kann. Dort bleibt es stehen und experimentiert zunächst mit dieser „Trommel". Danach wird der Vers gesprochen und bei dem Wort „bumm" können sie wieder trommeln.

Meine kleine Trommel

Lied; Text: Ingrid Biermann, Melodie: Jörg Schnieder

Material: Für jedes Kind eine Trommel
Spielanweisung: Es wird nur das „bumm" beim Refrain geschlagen. Bei dem restlichen Text sitzen sie im Schneidersitz.
Hinweis: Sie können die Kinder mit ein wenig Schminke in kleine Indianer verwandeln. Alle setzen sich im Schneidersitz um eine gestaltete Mitte (Lagerfeuer: rotes Tuch und kleine Hölzer).

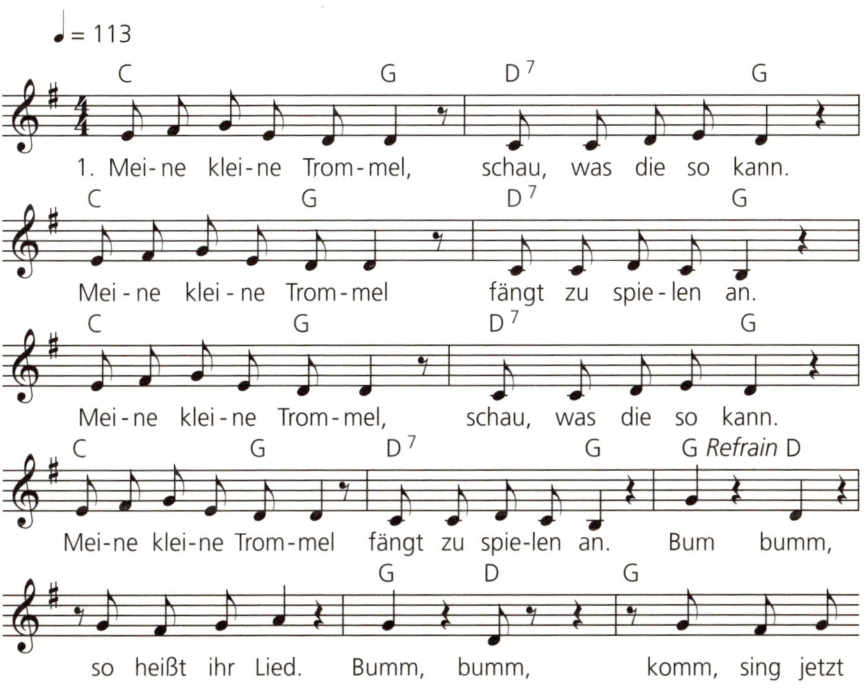

Meine kleine Trommel spielt mir jetzt was vor.
Meine kleine Trommel halt ich an mein Ohr.
(Wiederholung)

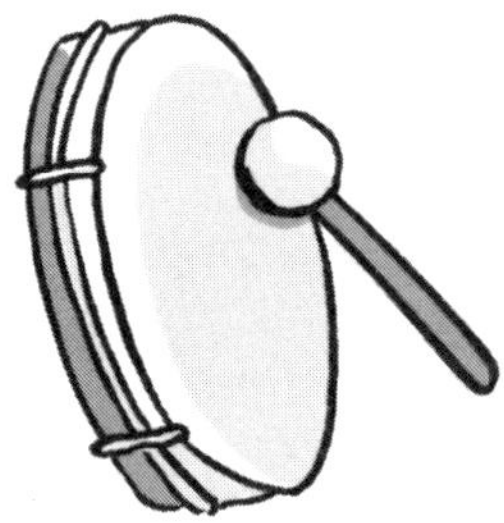

Refrain:
Bumm, bumm …

Meine kleine Trommel, die ist jetzt ganz still.
Meine kleine Trommel, spielt nur, wenn ich will.
(Wiederholung)

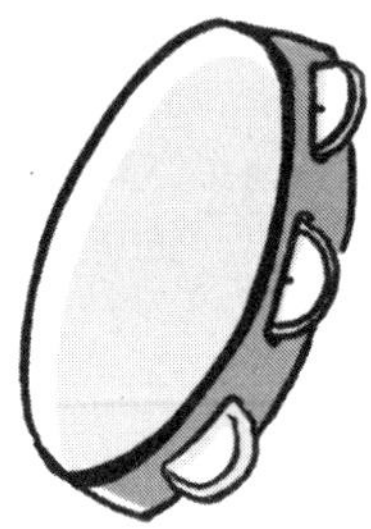

Refrain:
Bumm, bumm …

Die Traumtrommel

Fantasiereise (mit Einbeziehung der Klangschale)

Materialien: für jedes Kind eine Decke und ein kleines Kissen, ein Seidentuch; eine Klangschale (Klangtrommel), eine lichtregulierbare Lampe, ein grünes Tuch, Legematerialien wie Steine, Äste, Blätter, Moos, Federn, vielleicht ein paar Dekoblüten, bunte Hölzer, Dekosteine usw.

Vorbereitung: Für jedes Kind wird eine Decke in einen Raum gelegt, der zur Ruhe und Entspannung einlädt. In der Kreismitte steht auf einem Seidentuch eine Klangschale (Klangtrommel). In leichter Bekleidung (Turnzeug) betreten die Kinder den leicht verdunkelten und erwärmten Raum. Die Lampe steht griffbereit und die Legematerialien sind mit dem grünen Tuch abgedeckt.

Wichtiger Hinweis!

Kinder, die noch nie eine Fantasiereise miterlebt haben, sollten dieser Geschichte im Sitzen und mit geöffneten Augen zuhören. Doch seien Sie ruhig auch mal ein wenig mutig und laden Sie die Kleinen zu einer Fantasiereise ein. Sie können die Geschichte beliebig kürzen.

Hinführung: Die Kinder betreten den Raum und gehen zunächst einmal durch den Raum um ihn zu betrachten. Dabei können sie springen, laufen, hüpfen, Wände und Boden anfassen, und, wenn sie wollen, sich gegenseitig die Hand geben und sich begrüßen. Ertönt die Klangschale, dann setzen die Kinder sich auf eine Decke und Sie stellen ihnen durch ein kleines Spiel die Traumtrommel vor.
Spiel: Nacheinander hält jedes Kind einmal die Klangschale in seiner offenen Hand. Schlagen Sie die Klangschale an, so dass das Kind die Vibration spürt.
Variation: Die Klangschale kann nun auf verschiedene Körperteile gestellt werden (Rücken, Fußsohle, Po). Die Klangschale wird angeschlagen und das Kind spürt dort die Vibration. In einem Gespräch kann es mitteilen, was es gespürt hat. Danach laden Sie die Kinder ein, mit der Klangschale eine Fantasiereise zu machen. Bitten Sie die Kinder, sich auf dem Rücken auf ihre Decke zu legen.
Fantasiereise: Die Geschichte wird leise, langsam und mit einigen Pausen erzählt. Bei dem Wort „Traumtrommel" wird leicht die Klangschale angeschlagen.

Leg dich ganz bequem auf deine Decke.
Deine Arme liegen neben deinem Körper.
Deine Beine sind ausgestreckt.
Dein Körper ruht sich nun aus.
Schau nach, ob du bequem liegst, wenn nicht, dann leg dich noch einmal anders hin.
Schließ, wenn du willst, deine Augen oder schau unter die Decke.
Die „Traumtrommel" möchte Dich nun einladen mit ihr eine Reise zu machen
Ihr Klang bringt dich auf eine schöne Wiese.
Dort kannst du dich ausruhen.
Du musst jetzt gar nichts mehr tun.
Lieg ruhig, höre die „Traumtrommel" und lausche meiner Geschichte.

–Pause–

Du liegst nun auf der weichen Wiese.
Das Gras duftet und viele Blumen wachsen auf dieser Wiese.
Sie schwingen leicht im Wind.
Die „Traumtrommel" lässt den Wind singen.
Hör ihm zu (Klangschale leicht anschlagen).
Er singt ein Lied, nur für dich.
Die „Traumtrommel" erklingt (Klangschale)
und macht dich ganz ruhig.
Die Blumen hören das Lied und schwingen mit.
Die „Traumtrommel" erklingt (Klangschale)
und macht dich ganz ruhig.
Über dir und der Wiese steht die strahlende Sonne.
Die „Traumtrommel" erklingt (Klangschale)
und macht dich ganz ruhig.
Ruhig und entspannt liegst du auf der Wiese.
Du spürst die warmen Sonnenstrahlen auf deinem Körper.
Die „Traumtrommel" erklingt (Klangschale)
und macht dich ganz ruhig.

–Pause–

Der Traum ist zu Ende.
Lausche nun noch einmal dem Klang der Trommel.
Bei jedem neuem Klang spürst du deinen Körper mehr.
(Klangschale) *Du spürst deine Hände und Arme und bewegst sie.*
(Klangschale) *Du spürst deine Füße und Beine und bewegst sie.*
(Klangschale) *Du spürst deinen ganzen Körper und bewegst ihn.*
Reck und streck dich, gähn ganz laut und beim letzten Klang (Klangschale)
öffne deine Augen und setz dich hin.

Abschluss: Die Kinder können von ihrem Erlebnis berichten.
Legen Sie das grüne Tuch in die Mitte und die Kinder können mit vielen Legematerialien (bunte Hölzer, Kugeln, Stöckchen usw.) eine Wiese in Gemeinschaftsarbeit legen.

Trommeltänze

Alte Melodien und neue Texte

Hinweis: Sie können auch selbst mit viel Fantasie einen Tanz entwickeln.
Material: für jedes Kind eine Trommel

Ich schlag meine Trommel

Hinweis: Die Kinder können in zwei Gruppen aufgeteilt werden. Eine Gruppe spielt die Trommel, die andere macht die Bewegungen.

Ich schlag meine Trommel und schau dir mal an,
wie ich zu der Trommel mich ganz schnell drehen kann.
Ich dreh mich, ich dreh mich, die Trommel schlägt dazu.
Ich dreh mich, ich dreh mich und komme nun zur Ruh
(in die Hocke setzen).

Ich springe, ich springe, die Trommel schlägt dazu.
Ich springe, ich springe, ich komme nun zur Ruh.

Ich stampfe, ich stampfe, die Trommel schlägt dazu.
Ich stampfe, ich stampfe, ich komme nun zur Ruh.

Melodie: Zeigt her eure Füße

Wollt ihr wissen ...

Hinweis: Evtl. die Kinder in zwei Gruppen aufteilen.

Wollt ihr wissen, wollt ihr wissen, wie wir nach den Trommeln tanzen.
Ja, wir stampfen, ja, wir stampfen und die Trommel schlägt mit.

Ja, wir drehen uns, ja, wir drehen uns und die Trommel schlägt mit.
Ja, wir hüpfen, ja, wir hüpfen und die Trommel schlägt mit

Die Kinder können weitere Bewegungen nennen und danach singen.

Die Trommel hat heut keine Ruh

Tanzablauf: Ein Kind schlägt die Trommel und die restlichen Kinder tanzen und singen. Nach der Strophe bekommt ein anderes Kind die Trommel, schlägt sie und die restlichen Kinder tanzen. Diese Reihenfolge wiederholt sich so lange, bis alle Kinder einmal die Trommel geschlagen haben.

Die Trommel hat heut keine Ruh,
sie schlägt zum Tanz den Takt dazu.
Macht bumm bumm bumm,
macht bumm bumm bumm,
macht bumm bumm bumm,
macht bumm bumm bumm,
und plötzlich ist sie stumm.
Melodie: Ich bin ein kleiner Hampelmann

Wir bauen Trommeln

Das kreative Angebot (mit Hilfe der Eltern)

Material: Kaffee- oder Keksdosen, Blumentöpfe aus Ton; leere, runde Waschmitteltonnen; große Luftballons, Tesakrepp
Herstellung: Das Mundstück wird vom Luftballon abgeschnitten. Ziehen Sie den Rest des Ballons über eine Keksdose, einen Blumentopf oder eine Kaffeedose und befestigen ihn mit Tesakrepp. Die Kinder können nun mit Holzlöffeln oder mit der Hand diese Trommeln schlagen. Sie können die unterschiedlichsten Trommeln zusammenstellen und Musik machen. Der Fantasie sind keine Grenzen gesetzt.

Der Zauberer Musikus und seine Zaubertrommel

Ein bewegtes, musikalisches Märchen

Material: Trommel, Zauberumhang, evtl. Zauberhut, viele Kissen und Decken, Lampe, evtl. Teelichter in einem Einmachglas, die den Raum sanft erleuchten
Vorbereitung: Die Umgebung wird mit Kissen und Lichtern ein wenig „verzaubert".
Hinführung: Zeigen Sie den Kindern die Trommel und erklären Sie, dass dieses eine besondere Trommel ist und Sie ihnen jetzt den Besitzer vorstellen wollen. Schlagen Sie sie immer dann an, wenn in der Geschichte das Wort „Zaubertrommel" vorkommt.

Tief in einem Märchenwald, dort wo die sieben Zwerge wohnen, wohnt der uralte Zauberer Musikus. Er kann etwas ganz Besonderes. Musikus hat eine (Zaubertrommel) *und mit der kann er zaubern. Wenn er mit ihr in den Wald hinaus geht, dann kann er Blätter, Blumen, das Gras, den Bach, jedes Tier und sogar den Wind, den Regen und die Sonne zum Singen bringen. Musikus braucht nur einmal auf seine* (Zaubertrommel) *zu schlagen, dann fängt alles um ihn herum an zu singen. Musikus schließt dann seine Augen und träumt, während er die Musik hört. Manchmal stellt er sich unter einen großen Baum, schlägt die* (Zaubertrommel) *an und träumt. Dann stellt er sich vor, auf einem dicken Ast zu sitzen und zu schaukeln. Die vielen Blätter streicheln dabei seine Arme, Beine, seinen ganzen Körper. Ein anderes Mal stellt er sich vor eine große Blume, schlägt seine* (Zaubertrommel) *an, schließt die Augen und träumt davon, selbst eine Blume zu sein – eine große wunderschöne Blume. Am frühen Morgen geht Musikus auch gerne zum Bach. Dort schlägt er seine* (Zaubertrommel) *an, schließt die Augen und träumt davon, auf dem Rücken eines großen Fisches durch den Bach zu schwimmen. Musikus mag seine* (Zaubertrommel) *und überall, wo er hingeht, nimmt er sie mit. Spät abends geht Musikus mit seiner* (Zaubertrommel) *in den Wald. Dort besucht er die Tiere. Er besucht die Hasen, die Rehe, die Wildschweine und auch die vielen kleinen Krabbeltiere. Für sie spielt er auf seiner* (Zaubertrommel) *ein Lied. Ganz leise gibt Musikus den Takt vor und alle Tiere des Waldes tanzen. Manchmal tanzen sie bis spät in die Nacht hinein und erst, wenn sie ganz müde sind, gehen sie schlafen. Musikus geht zufrieden nach Hause, legt seine* (Zaubertrommel) *unter sein Bett und geht auch schlafen.*

Für ältere Kinder: Jedes Kind bekommt eine Trommel und schlägt sie an, wenn das Wort „Zaubertrommel" genannt wird.

Abschluss: Dieses Märchen kann nun von den Kindern gespielt werden. Dazu benötigen sie eine Trommel, evtl. einen Zauberhut und einen Umhang für den Zauberer Musikus. Nun wird, dem Text entsprechend, aus diesem Märchen ein Rollenspiel. Die Kinder werden in Blätter, Blumen, Gras usw. verwandelt und singen oder bewegen sich entsprechend.

Variation: Das Märchen kann in Klänge umgesetzt, als Körperwahrnehmungsspiel auf dem Rücken gespielt, als Fantasiegeschichte erzählt und auch getanzt werden.

Wichtiger Hinweis:

Zu diesem Buch erscheint im Kinderland Verlag eine CD.
Sie enthält alle Lieder auch als Instrumentalfassung.

Bestelladresse:
Kinderlandverlag
Dorfstraße 24
59602 Rüthen
Tel: 02954/18022, Fax: 02954/18044

Preis: 10 € plus Versandkosten

3. Auflage

Gedruckt auf umweltfreundlichem, chlorfrei gebleichtem Papier

Layoutentwurf und Produktion: art und weise, Freiburg
Umschlaggestaltung: R·M·E Roland Eschlbeck/Rosemarie Kreuzer
Umschlagfoto: Hartmut W. Schmidt, Freiburg
Illustrationen: Anja Wrede, Bad Nenndorf

www.herder.de
Gesamtherstellung: fgb • freiburger graphische betriebe 2008
www.fgb.de

ISBN: 978-3-451-29256-9